清　王时敏　杜甫诗意图册——无边落木萧萧下，不尽长江滚滚来

唐　张萱　虢国夫人游春图

明　张路　老子骑牛轴

唐 吴道子 先师孔子行教像（拓片）

明 仇英 桃源图（局部）

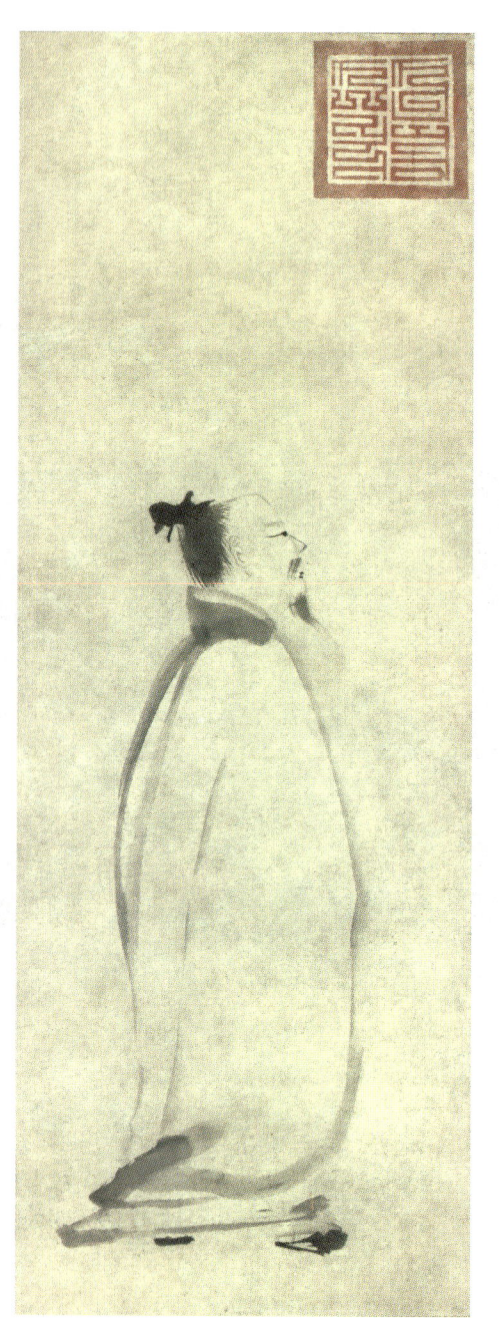

南宋　梁楷　李白行吟图

北宋 文同 墨竹图

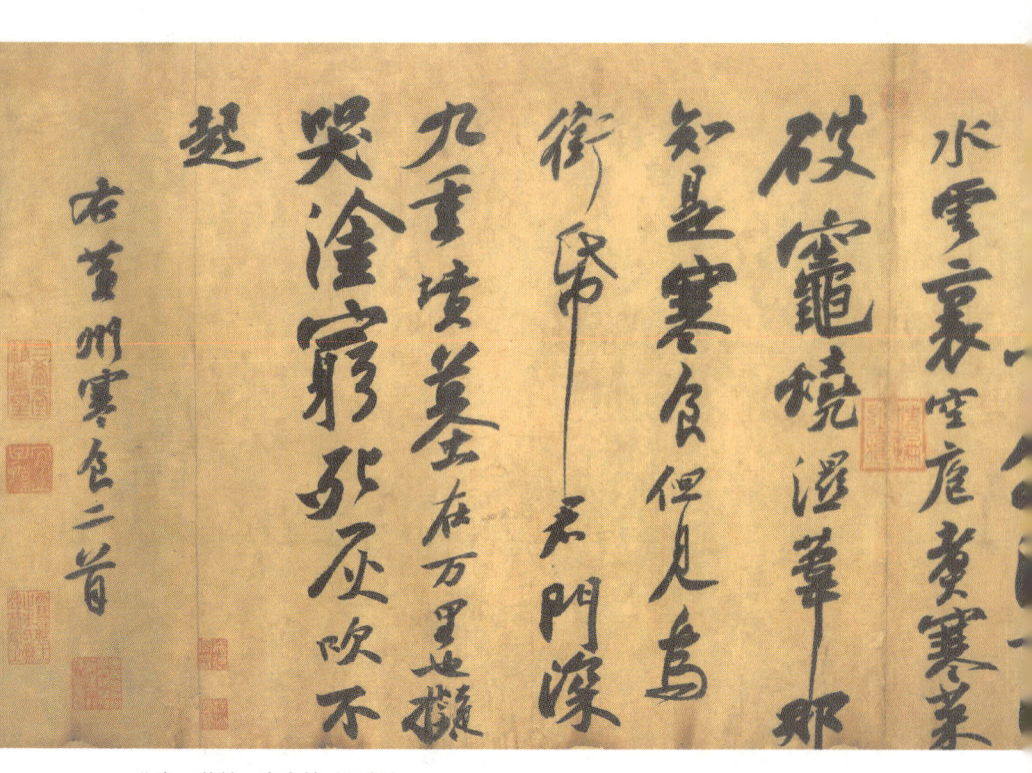

北宋　苏轼　寒食帖（局部）

自我来黄州已過三寒食年欲惜春春不容惜今年又苦雨兩月秋蕭瑟臥聞海棠花泥污燕支雪闇中偷負去夜半真有力何殊病少年病起頭已白

春江欲入戸雨勢来

五代　周文矩　琉璃堂人物图（局部）

南唐　顾闳中　韩熙载夜宴图（局部）

南宋　马和之　小雅·南有嘉鱼篇（局部）

美的生活

梁启超

梁启超 著

古吴轩出版社

图书在版编目（CIP）数据

美的生活 / 梁启超著. -- 苏州：古吴轩出版社，2022.9
　　ISBN 978-7-5546-1694-9

　　Ⅰ. ①美… Ⅱ. ①梁… Ⅲ. ①梁启超（1873-1929）—哲学思想—研究 Ⅳ. ①B259.15

中国版本图书馆CIP数据核字（2021）第002852号

责任编辑：李爱华
见习编辑：张　君
策　　划：马识程
装帧设计：安　宁

书　　名	美的生活
著　　者	梁启超
出版发行	古吴轩出版社
地　　址	苏州市八达街118号苏州新闻大厦30F
电　　话	0512-65233679　　邮编：215123
印　　刷	山东新华印务有限公司
开　　本	880×1230　1/32
印　　张	8
字　　数	154千字
版　　次	2022年9月第1版　第1次印刷
书　　号	ISBN 978-7-5546-1694-9
定　　价	58.00元

如有印装质量问题，请与印刷厂联系。0534-2671218

目录

第一编 · 趣味生活

趣味教育与教育趣味	·002
学问之趣味	·009
美术与生活	·014
美术与科学	·019
烟士披里纯（INSPIRATION）	·026
书法指导	·030
郑褧裳画引	·050

第二编 · 为学与做人

- 为学与做人　·054
- 敬业与乐业　·062
- 最苦与最乐　·068
- 知命与努力　·071
- 东南大学课毕告别辞　·081
- 教育家的自家田地　·092

第三编 · 文学之美

- 情圣杜甫　·102
- 陶渊明之文艺及其品格　·121
- 文学的反射　·150
- 文学家的性格及其预备　·153
- 晚清两大家诗钞题辞　·155
- 论小说与群治之关系　·169

第四编 · 认识自己

甚么是"我"	·176
孔子之人格	·183
老子的学说	·189
"知不可而为"主义与"为而不有"主义	·214
三十自述	·226

后记 ·233

我每历若干时候，

趣味转过新方面，

便觉得像换个新生命，

如朝旭升天，如新荷出水，

我自觉这种生活是极可爱的，

极有价值的。

第一编
趣味生活

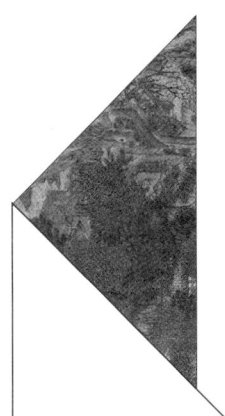

趣味教育与教育趣味

一

假如有人问我："你信仰的甚么主义？"我便答道："我信仰的是趣味主义。"有人问我："你的人生观拿什么做根柢？"我便答道："拿趣味做根柢。"我生平对于自己所做的事，总是做得津津有味，而且兴会淋漓；什么悲观咧厌世咧这种字面，我所用的字典里头，可以说完全没有。我所做的事，常常失败——严格的可以说没有一件不失败——然而我总是一面失败一面做；因为我不但在成功里头感觉趣味，就在失败里头也感觉趣味。我每天除了睡觉外，没有一分钟一秒钟不是积极的活动；然而我绝不觉得疲倦，而且很少生病；因为我每天的活动有趣得很，精神上的快乐，补得过物质上的消耗而有余。

趣味的反面，是干瘪，是萧索。晋朝有位殷仲文，晚年常郁郁不乐，指着院子里头的大槐树叹气，说道："此树婆娑，生意尽矣。"一棵新栽的树，欣欣向荣，何等可爱！到老了之后，表面上虽然很婆娑，骨子里生意已尽，算是这一期的生活完结了。殷仲文这两句话，是用很好的文学技能，表出那种颓唐落寞的情绪。我以为这种情绪，是再坏没有的了；无论一个人或一个社会，倘若被这种情绪侵入弥漫，这个人或这个社会算是完了，再不会有长进。何止没长进？什么坏事，都要从此产育出来。总而言之，趣味是活动的源泉。趣味干竭，活动便跟着停止。好像机器房里没有燃料，发不出蒸汽来，任凭你多大的机器，总要停摆。停摆过后，机器还要生锈，产生许多毒害的物质哩！人类若到把趣味丧失掉的时候，老实说，便是生活得不耐烦，那人虽然勉强留在世间，也不过行尸走肉。倘若全个社会如此，那社会便是痨病的社会，早已被医生宣告死刑。

二

"趣味教育"这个名词，并不是我所创造，近代欧美教育界早已通行了。但他们还是拿趣味当手段，我想进一步，拿趣味当目的。请简单说一说我的意见：

第一，趣味是生活的原动力，趣味丧掉，生活便成了无意义。这是不错。但趣味的性质，不见得都是好的；譬如好嫖好赌，何尝不是趣味？但从教育的眼光看来，这种趣味的性质，当然是不好。所谓好不好，并不必拿严酷的道德论做标准；既已主张趣味，便要求趣味的贯彻。倘若以有趣始以没趣终，那么趣味主义的精神，算完全崩落了。《世说新语》记一段故事："祖约性好钱，阮孚性好屐，世未判其得失。有诣约，见正料量财物，客至屏当不尽，余两小簏，以著背后，倾身障之，意未能平。诣孚，正见自蜡屐，因叹曰：'未知一生当着几纳屐。'意甚闲畅，于是优劣始分。"这段话，很可以作为选择趣味的标准。凡一种趣味事项，倘或是要瞒人的，或是拿别人的苦痛换自己的快乐，或是快乐和烦恼相间相续的，这等统名为下等趣味。严格说起来，他就根本不能做趣味的主体；因为认这类事当趣味的人，常常遇着败兴，而且结果必至于俗语说的"没兴一齐来"而后已，所以我们讲趣味主义的人，绝不承认此等为趣味。人生在幼年青年期，趣味是最浓的，成天价乱碰乱迸；若不引他到高等趣味的路上，他们便非流入下等趣味不可。没有受过教育的人，固然容易如此。教育教得不如法，学生在学校里头找不出趣味，然而他们的趣味是压不住的，自然会从校课以外乃至校课反对的方向去找他的下等趣味；结果，他们的趣味是不能贯彻的，整个变成没趣的人生完事。我们主张趣味教育的人，是要趁儿童或青年趣味正浓而方向未决定的时候，给他们一种可以终身受用的趣味。这种教育办得圆满，能够令全社会整个永久是有趣的。

第二，既然如此，那么教育的方法，自然也跟着解决了。教育家无论多大能力，总不能把某种学问教通了学生，只能令受教的学生当着某种学问的趣味，或者学生对于某种学问原有趣味，教育家把他加深加厚。所以教育事业，从积极方面说，全在唤起趣味；从消极方面说，要十分注意不可以摧残趣味。摧残趣味有几条路。头一件是注射式的教育。教师把课本里头东西叫学生强记，好像嚼饭给小孩子吃，那饭已经是一点儿滋味没有了，还要叫他照样的嚼几口，仍旧吐出来看。那么，假令我是个小孩子，当然会认吃饭是一件苦不可言的事了。这种教育法，从前教八股完全是如此，现在学校里形式虽变，精神却还是大同小异，这样教下去，只怕永远教不出人才来。第二件是课目太多。为培养常识起见，学堂课目固然不能太少。为恢复疲劳起见，每日的课目固然不能不参错掉换。但这种理论，只能为程度的适用；若用得过分，毛病便会发生。趣味的性质，是越引越深。想引得深，总要时间和精力比较的集中才可。若在一个时期内，同时做十来种的功课，走马看花，应接不暇，初时或者惹起多方面的趣味，结果任何方面的趣味都不能养成。那么，教育效率，可以等于零。为什么呢？因为受教育受了好些时，件件都是在大门口一望便了，完全和自己的生活不发生关系，这教育不是白费吗？第三件是拿教育的事项当手段。从前我们学八股，大家有句通行话说他是敲门砖，门敲开了自然把砖也抛却，再不会有人和那块砖头发生起恋爱来。我们若是拿学问当作敲门砖看待，断乎不能有深入而且持久的趣味。我们为什么学数学，因为数学有趣所以学数学；为什么学历史，因为历史有趣所以学历史；为什么学画画、学打球，因为画画有趣、打球有趣所以学画画、学打球。人生的状态，本来是如此，教育的最大效能，也只是如此。各人选择他趣味最浓的事项做职业，自然一切劳作，都是目的，不是手段，越劳作越发有趣。反过来，若是学法政用来作做官的手段，官做不成怎么样呢？学经济用来作发财的手段，财发不成怎么样呢？结果必至于把趣味完全送掉。所以教育家最要紧教学生知道是为学问而学问，为活动而活动；所有学问，所有活动，都是目的，不是手段。学生能领会得这个见解，他的趣味，自然终身不衰了。

三

以上所说，是我主张趣味教育的要旨。既然如此，那么在教育界立身的人，应该以教育为唯一的趣味，更不消说了。一个人若是在教育上不感觉有趣味，我劝他立刻改行，何必在此受苦？既已打算拿教育做职业，便要认真享乐，不辜负了这里头的妙味。

孟子说："君子有三乐，而王天下不与存焉。"第三种就是："得天下英才而教育之"。他的意思是说教育家比皇帝还要快乐。他这话绝不是替教育家吹空气，实际情形，确是如此。我常想，我们对于自然界的趣味，莫过于种花。自然界的美，像山水风月等等，虽然能移我情，但我和他没有特殊密切的关系，他的美妙处，我有时便领略不出。我自己手种的花，他的生命和我的生命简直并合为一；所以我对着他，有说不出来的无上妙味。凡人工所做的事，那失败和成功的程度都不能预料；独有种花，你只要用一分心力，自然有一分效果还你，而且效果是日日不同，一日比一日进步。教育事业正和种花一样。教育者与被教育者的生命是并合为一的。教育者所用的心力，真是俗语说的"一分钱一分货"，丝毫不会枉费。所以我们要选择趣味最真而最长的职业，再没有别样比得上教育。

现在的中国，政治方面，经济方面，没有那件说起来不令人头痛。但回到我们教育的本行，便有一条光明大路，摆在我们前面。从前国家托命，靠一个皇帝，皇帝不行，就望太子，所以许多政论家——像贾长沙一流都最注重太子的教育。如今国家托命是在人民，现在的人民不行，就望将来的人民。现在学校里的儿童青年，个个都是"太子"，教育家便是"太子太傅"。据我看，我们这一代的太子，真是"富于春秋，典学光明"，这些当太傅的，只要"鞠躬尽瘁"，好生把他培养出来，不愁不眼见中兴大业。所以别方面的趣味，或者难得保持，因为到处挂着"此路不通"的牌子，容易把人的兴头打断；教育家却全然不受这种限制。

教育家还有一种特别便宜的事，因为"教学相长"的关系，教人和自己研究学问是分离不开的：自己对于自己所好的学问，能有机会终身研究，是人生最快乐的事，这种快乐，也是绝对自由，一点不受恶社会的限制。做别的职业的人，虽然未尝不可以研究学问，但学问总成了副业了。从事教育职业的人，一面教育，一面学问，两件事完全打成一片。所以别的职业是一重趣味，教育家是两重趣味。

孔子屡屡说："学而不厌，诲人不倦。"他的门生赞美他说："正唯弟子不能及也。"一个人谁也不学，谁也不诲人，所难者确在不厌不倦。问他为什么能不厌不倦呢？只是领略得个中趣味，当然不能自已。你想：一面学，一面诲人，人也教得进步了，自己所好的学问也进步了，天下还有比他再快活的事吗？人生在世数十年，终不能一刻不活动，别的活动，都不免常常陷在烦恼里头，独有好学和好诲人，真是可以无入而不自得，若真能在这里得了趣味，还会厌吗？还会倦吗？孔子又说："知之者不如好之者，好之者不如乐之者。"诸君都是在教育界立身的人，我希望更从教育的可好可乐之点，切实体验，那么，不惟诸君本身得无限受用，我们全教育界也增加许多活气了。

（1922年4月10日直隶教育联合研究会讲演稿。原载《梁任公学术讲演集》，商务印书馆1922年11月初版。）

学问之趣味

我是个主张趣味主义的人：倘若用化学化分"梁启超"这件东西，把里头所含一种原素名叫"趣味"的抽出来，只怕所剩下仅有个"0"了。我以为，凡人必常常生活于趣味之中，生活才有价值。若哭丧着脸挨过几十年，那么，生命便成沙漠，要来何用？中国人见面最喜欢用的一句话："近来作何消遣？"这句话我听着便讨厌。话里的意思，好像生活得不耐烦了，几十年日子没有法子过，勉强找些事情来消他遣他。一个人若生活于这种状态之下，我劝他不如早日投海！我觉得天下万事万物都有趣味，我只嫌二十四点钟不能扩充到四十八点，不够我享用。我一年到头不肯歇息，问我忙什么？忙的是我的趣味。我以为这便是人生最合理的生活。我常常想运动别人也学我这样生活。

凡属趣味，我一概都承认他是好的。但怎么样才算"趣味"，不能不下一个注脚。我说："凡一件事做下去不会生出和趣味相反的结果的，这件事便可以为趣味的主体。"赌钱趣味吗？输了怎么样？吃酒趣味吗？病了怎么样？做官趣味吗？没有官做的时候怎么样？……诸如此类，虽然在短时间内像有趣味，结果会闹到俗语说的"没趣一齐来"，所以我们不能承认他是趣味。凡趣味的性质，总要以趣味始以趣味终。所以能为趣味之主体者，莫如下列的几项：一，劳作；二，游戏；三，艺术；四，学问。诸君听我这段话，切勿误会以为，我用道德观念来选择趣味。我不问德不德，只问趣不趣。我并不是因为赌钱不道德才排斥赌钱，因为赌钱的本质会闹到没趣，闹到没趣便破坏了我的趣味主义，所以排斥赌钱。我并不是因为学问是道德才提倡学问，因为学问的本质能够以趣味始以趣味终，最合于我的趣味主义条件，所以提倡学问。

学问的趣味，是怎么一回事呢？这句话我不能回答。凡趣味总要自己领略，自己未曾领略得到时，旁人没有法子告诉你。佛典说的："如人饮水，冷暖自知。"你问我这水怎样的冷，我便把所有形容辞说尽，也形容不出给你听，除非你亲自嗑一口。我这题目——学问之趣味，并不是要说学问如何如何的有趣味，只要如何如何便会尝得着学问的趣味。

诸君要尝学问的趣味吗？据我所经历过的有下列几条路应走：

第一，"无所为"。趣味主义最重要的条件是"无所为而为"。凡有所为而为的事，都是以别一件事为目的而以这件事为手段。为达目的起见勉强用手段，目的达到时，手段便抛却。例如学生为毕业证书而做学问，著作家为版权而做学问，这种做法，便是以学问为手段，便是有所为。有所为虽然有时也可以为引起趣味的一种方便，但到趣味真发生时，必定要和"所为者"脱离关系。你问我："为什么做学问？"我便答道："不为什么。"再问，我便答道："为学问而学问。"或者答道："为我的趣味。"诸君切勿以为我这些话掉弄虚机，人类合理的生活本来如此。小孩子为什么游戏？为游戏而游戏。人为什么生活？为生活而生活。为游戏而游戏，游戏便有趣；为体操分数而游戏，游戏便无趣。

第二，不息。凡人类的本能，只要那部分搁久了不用，他便会麻木会生锈。十年不跑路，两条腿一定会废了；每天跑一点钟，跑上几个月，一天不得跑时，腿便发痒；人类为理性的动物，"学问欲"原是固有本能之一种；只怕你出了学校便和学问告辞，把所有经管学问的器官一齐打落冷宫，把学问的胃弄坏了，便山珍海错摆在面前也不愿意动筷子。诸君啊！诸君倘若现在从事教育事业或将来想从事教育事业，自然没有问题，很多机会来培养你学问胃口。若是做别的职业呢？我劝你每日除本业正当劳作之外，最少总要腾出一点钟，研究你所嗜好的学问。一点钟那里不消耗了？千万别要错过，闹成"学问胃弱"的证候，白白自己剥夺了一种人类应享之特权啊！

第三，深入的研究。趣味总是慢慢的来，越引越多，像到吃甘蔗，越往下才越得好处。假如你虽然每天定有一点钟做学问,但不过拿来消遣消遣,不带有研究精神,趣味便引不起来。或者今天研究这样明天研究那样,趣味还是引不起来。趣味总是藏在深处,你想得着,便要入去。这个门穿一穿,那个窗户张一张,再不会看见"宗庙之美,百官之富",如何能有趣味?我方才说"研究你所嗜好的学问","嗜好"两个字很要紧。一个人受过相当的教育之后,无论如何,总有一两门学问和自己脾胃相合,而已经懂得大概可以作加工研究之预备的,请你就选定一门作为终身正业(指从事学者生活的人说)或作为本业劳作以外的副业(指从事其他职业的人说)。不怕范围窄,越窄越便于聚精神;不怕问题难,越难越便于鼓勇气。你只要肯一层一层的往里面追,我保你一定被他引到"欲罢不能"的地步。

第四,找朋友。趣味比方电,越磨擦越出。前两段所说,是靠我本身和学问本身相磨擦,但仍恐怕我本身有时会停摆,发电力便弱了,所以常常要仰赖别人帮助。一个人总要有几位共事的朋友,同时还要有几位共学的朋友。共事的朋友,用来扶持我的职业;共学的朋友和共玩的朋友同一性质,都是用来磨擦我的趣味。这类朋友,能够和我同嗜好一种学问的自然最好,我便和他打伙研究。即或不然——他有他的嗜好,我有我的嗜好,只要彼此都有研究精神,我和他常常在一块或常常通信,便不知不觉把彼此趣味都磨擦出来了。得着一两位这种朋友,便算人生大幸福之一。我想只要你肯找,断不会找不出来。

我说的这四件事，虽然像是老生常谈，但恐怕大多数人都不曾会这样做。唉！世上人多么可怜啊！有这种不假外求、不会蚀本、不会出毛病的趣味世界，竟自没有几个人肯来享受！古书说的故事"野人献曝"，我是尝冬天晒太阳的滋味尝得舒服透了，不忍一人独享，特地恭恭敬敬的来告诉诸君。诸君或者会欣然采纳吧？但我还有一句话：太阳虽好，总要诸君亲自去晒，旁人却替你晒不来。

（1922年8月6日南京东南大学讲演稿。

原载《时事新报》1922年8月12日。）

美术与生活

诸君！我是不懂美术的人，本来不配在此讲演。但我虽然不懂美术，却十分感觉美术之必要。好在今日在座诸君，和我同一样的门外汉谅也不少。我并不是和懂美术的人讲美术，我是专要和不懂美术的人讲美术。因为人类固然不能个个都做供给美术的"美术家"，然而不可不个个都做享用美术的"美术人"。

"美术人"这三个字是我杜撰的，谅来诸君听着很不顺耳。但我确信"美"是人类生活一要素——或者还是各种要素中之最要者，倘若在生活全内容中把"美"的成分抽出，恐怕便活得不自在甚至活不成！中国向来非不讲美术——而且还有很好的美术，但据多数人见解，总以为美术是一种奢侈品，从不肯和布帛菽粟一样看待，认为生活必需品之一。我觉得中国人生活之不能向上，大半由此。所以今日要标"美术与生活"这题特和诸君商榷一回。

问人类生活于什么？我便一点不迟疑答道："生活于趣味。"这句话虽然不敢说把生活全内容包举无遗，最少也算把生活根芽道出。人若活得无趣，恐怕不活着还好些，而且勉强活也活不下去。人怎样会活得无趣呢？第一种，我叫他做石缝的生活：挤得紧紧的没有丝毫开拓余地；又好像披枷带锁，永远走不出监牢一步。第二种，我叫他做沙漠的生活：干透了没有一毫润泽，板死了没有一毫变化；又好像蜡人一般没有一点血色，又好像一株枯树，庾子山说的"此树婆娑，生意尽了"。这种生活是否还能叫做生活，实属一个问题。所以我虽不敢说趣味便是生活，然而敢说没趣便不成生活。

趣味之必要既已如此，然则趣味之源泉在那里呢？依我看有三种：

第一，对境之赏会与复现。人类任操何种卑下职业，任处何种烦劳境界，要之总有机会和自然之美相接触——所谓水流花放，云卷月明，美景良辰，赏心乐事。只要你在一刹那间领略出来，可以把一天的疲劳忽然恢复，把多少时的烦恼丢在九霄云外。倘若能把这些影像印在脑里头令他不时复现，每复现一回，亦可以发生与初次领略时同等或仅较差的效用。人类想在这种尘劳世界中得有趣味，这便是一条路。

第二，心态之抽出与印契。人类心理，凡遇着快乐的事，把快乐状态归拢一想，越想便越有味；或别人替我指点出来，我的快乐程度也增加。凡遇着苦痛的事，把苦痛倾筐倒箧吐露出来，或别人能够看出我苦痛替我说出，我的苦痛程度反会减少。不惟如此，看出说出别人的快乐，也增加我的快乐；替别人看出说出苦痛，也减少我的苦痛。这种道理，因为各人的心都有个微妙的所在，只要搔着痒处，便把微妙之门打开了。那种愉快，真是得未曾有，所以俗话叫做"开心"。我们要求趣味，这又是一条路。

第三，他界之冥构与蓦进。对于现在环境不满，是人类普通心理，其所以能进化者亦在此。就令没有什么不满，然而在同一环境之下生活久了，自然也会生厌。不满尽管不满，生厌尽管生厌，然而脱离不掉他，这便是苦恼根源。然则怎么救济法呢？肉体上的生活，虽然被现实的环境捆死了，精神上的生活，却常常对于环境宣告独立。或想到将来希望如何如何，或想到别个世界例如文学家的桃源、哲学家的乌托邦、宗教家的天堂净土如何如何，忽然间超越现实界闯入理想界去，便是那人的自由天地。我们欲求趣味，这又是一条路。

这三种趣味，无论何人都会发动的。但因各人感觉机关用得熟与不熟，以及外界帮助引起的机会有无多少，于是趣味享用之程度，生出无量差别。感觉器官敏则趣味增，感觉器官钝则趣味减；诱发机缘多则趣味强，诱发机缘少则趣味弱。专从事诱发以刺戟各人器官不使钝的有三种利器：一是文学，二是音乐，三是美术。

今专从美术讲：美术中最主要的一派，是描写自然之美，常常把我们所曾经赏会或像是曾经赏会的都复现出来。我们过去赏会的影子印在脑中，因时间之经过渐渐淡下去，终必有不能复现之一日，趣味也跟着消灭了。一幅名画在此，看一回便复现一回，这画存在，我的趣味便永远存在。不惟如此，还有许多我们从前不注意赏会不出的，他都写出来指导我们赏会的路，我们多看几次，便懂得赏会方法，往后碰着种种美境，我们也增加许多赏会资料了，这是美术给我们趣味的第一件。

美术中有刻画心态的一派，把人的心理看穿了，喜怒哀乐，都活跳在纸上。本来是日常习见的事，但因他写的唯妙唯肖，便不知不觉间把我们的心弦拨动，我快乐时看他便增加快乐，我苦痛时看他便减少苦痛，这是美术给我们趣味的第二件。

美术中有不写实境实态而纯凭理想构造成的。有时我们想构一境，自觉模糊断续不能构成，被他都替我表现了。而且他所构的境界种种色色有许多为我们所万想不到；而且他所构的境界优美高尚，能把我们卑下平凡的境界压下去。他有魔力，能引我们跟着他走，闯进他所到之地。我们看他的作品时，便和他同住一个超越的自由天地，这是美术给我们趣味的第三件。

要而论之，审美本能，是我们人人都有的。但感觉器官不常用或不会用，久而久之麻木了。一个人麻木，那人便成了没趣的人；一民族麻木，那民族便成了没趣的民族。美术的功用，在把这种麻木状态恢复过来，令没趣变为有趣。换句话说，是把那渐渐坏掉了的爱美胃口，替他复原，令他常常吸受趣味的营养，以维持增进自己的生活康健。明白这种道理，便知美术这样东西在人类文化系统上该占何等位置了。

以上是专就一般人说。若就美术家自身说，他们的趣味生活，自然更与众不同了。他们的美感，比我们锐敏若干倍，正如《牡丹亭》说的"我常一生儿爱好是天然"。我们领略不着的趣味，他们都能领略。领略够了，终把些唾余分赠我们。分赠了我们，他们自己并没有一毫破费，正如老子说的"既以为人己愈有，既以与人己愈多"。假使"人生生活于趣味"这句话不错，他们的生活真是理想生活了。

今日的中国，一方面要多出些供给美术的美术家，一方面要普及养成享用美术的美术人。这两件事都是美术专门学校的责任。然而该怎样的督促赞助美术专门学校叫他完成这责任，又是教育界乃至一般市民的责任。我希望海内美术大家和我们不懂美术的门外汉各尽责任做去。

（1922年8月13日上海美术专门学校讲演稿。

原载《时事新报》1922年8月15日。）

美术与科学

稍为读过西洋史的人，都知道现代西洋文化，是从文艺复兴时代演进而来。现代文化根柢在那里？不用我说，大家当然都知道是科学。然而文艺复兴主要的任务和最大的贡献，却是在美术。从表面看来，美术是情感的产物，科学是理性的产物，两件事很像不相容。为什么这位暖和和的阿特（阿特，英文Art，指美术）先生，会养出一位冷冰冰的赛因士（赛因士，英文Science，指科学）儿子？其间因果关系，研究起来很有兴味。

美术所以能产生科学，全从"真美合一"的观念发生出来，他们觉得真即是美，又觉得真才是美，所以求美先从求真入手。文艺复兴的"太祖高皇帝"雷安那德·达温奇（雷安那德·达温奇，即达·芬奇），就是画最有名的《耶稣晚餐图》那个人，谅来诸君都知道了。达温奇有几件故事，很有趣而且有价值。当时意大利某村乡，新发见得希腊人雕刻的一尊温尼士（温尼士，指维纳斯）女神裸体像，举国若狂的心醉其美，不久被基督教徒说是魔鬼，把他涂了脸凿了眼睛断了手脚丢在海里去了。达温奇和他几位同志，悄悄的到处发掘，又掘着第二尊。有一晚，他们关起大门在那里赏玩他们的新发见品，被基督教徒侦探着，一大群人声势汹汹的破门而入。入进去看见达温奇干什么呢？他拿一根软条的尺子在那里量那石像的尺寸部位，一双眼对着那石像出神，简直像没有看见众人一般，把众人倒楞了。当时在场的人，有一位古典派美术家老辈梅尔拉，不以达温奇的举动为然，告诉他道："美不是从计算产生出来的呀！"达温奇要理不理的，许久才答道："不错，但我非知道我所要知的事情不肯干休。"有一回傍晚时候，天气十分惨淡，有一位年高望重的天主教神父，当众讲演，说："世界末日快到了！基督立刻来审判我们了！赶紧忏悔啊！赶紧皈依啊！"说得肉飞神动，满场听众受了刺激，哭咧，叫咧，打噤咧，磕头咧，闹得一团糟。达温奇有位高足弟子也在场，也被群众情感的浪卷去，觉得自己跟着这位魔鬼先生学，真是罪人，也叫起"耶稣救命"来，猛回头看见他先生却也在那边！在那边干什么呢？左手拿块画板，右手拿管笔，一双眼钉在那位老而且丑的神父脸上，正在画他呢！这两件故事，诸君听着好顽么？诸君啊，不要单作好顽看待，须知这便是美术和科学交通的一条秘密隧道。诸君以为达温奇光是一位美术家吗？不不，他还是一位大科学家！近代的生物学，是他"筚路蓝缕"的开辟出来。倘若生物学家有道统图，要推他当先圣周公，达尔文不过先师孔子罢了。他又会造飞机，又会造铁甲车船，现有他自己给米兰公爵的书信为证。诸君啊，你想当美术家吗？你想知道惊天动地的美术品怎样出来吗？请看达温奇！

我说了半天，还没有说到美术科学相沟通的本题，现在请亮开来说罢。"密斯忒阿特""密斯忒赛因士"，他们哥儿俩，有一位共同的娘，娘什么名字？叫做"密斯士奈渣"，翻成中国话，叫做"自然夫人"。问美术的关键在那里？限我只准拿一句话回答，我便毫不踌躇的答道："观察自然。"问科学的关键在那里？限我只准拿一句话回答，我也毫不踌躇的答道："观察自然。"向来我们人类，虽然和"自然"耳鬓厮磨，但总是"鱼相忘于江湖"的样子；一直到文艺复兴以后，才算把这位积年老伙计认识了。认识过后，便一口咬住，不肯放松，硬要在他身上还出我们下半世的荣华快乐。哈哈！果然他老人家葫芦里法宝，被我们搜出来了！一件是美术，一件是科学。

认识自然，不是容易的事，第一件要你肯观察，第二件还要你会观察。粗心固然观察不出，不能说仔细便观察得出；笨伯固然观察不出，弄聪明有时越发观察不出。观察的条件，头一桩，是要对于所观察的对象有十二分兴味，用全副精神注在他上头，像庄子讲的承蜩丈人"虽天地之大万物之多，而惟吾蜩翼之知"。第二桩要取纯客观的态度，不许有丝毫主观的僻见搀在里头，若有一点，所观察的便会走了样子了。达温奇还有一幅名画叫做《莫那利沙》（《莫那利沙》，即《蒙娜丽莎》）。莫那利沙，就是达温奇爱恋的美人。相传画那一点微笑，画了四年。他自己说，虽然恋爱极热，始终却是拿极冷酷的客观态度去画他。要而言之，热心和冷脑相结合是创造第一流艺术品的主要条件。换个方面看来，岂不又是科学成立的主要条件吗？

真正的艺术作品，最要紧的是描写出事物的特性，然而特性各各不同，非经一番分析的观察工夫不可。莫泊三（莫泊三，即莫泊桑）的先生教他作文，叫他看十个车夫，做十篇文来写他，每篇限一百字。《晚餐图》里头的基督，何以确是基督，不是基督的门徒；十二门徒中，何以彼得确是彼得，不是约翰，约翰确是约翰，不是犹大，犹大确是犹大，不是非卖主的余人？这种本领，全在同中观异，从寻常人不会注意的地方，找出各人情感的特色。这种分析精神，不又是科学成立的主要成分吗？

美术家的观察，不但以周遍精密为能事，最重要的是深刻。苏东坡述文与可论画竹的方法，说道："画竹必先得成竹于胸中，执笔熟视，乃见其所欲画者。急起从之，振笔直遂，以追其所见，如兔起鹘落，少纵则逝矣。"这几句话，实能说出美术的秘钥，美术家雕画一种事物，总要在未动工以前，先把那件事物的整个实在体完全摄取，一攫攫住他的生命，霎时间和我的生命并合为一。这种境界，很含有神秘性。虽然可以说是在理性范围以外，然而非用锐入的观察法一直透入深处，也断断不能得这种境界。这种锐入观察法，也是促进科学的一种助力。

美术的任务，自然是在表情，但表情技能的应用，须有规律的组织，令各部分互相照应。相传五代时蜀主孟昶，藏一幅吴道子画钟馗，左手捉一个鬼，用右手第二指挖那鬼的眼睛。孟昶拿来给当时大画家黄筌看，说道：若用拇指，似更有力，请黄筌改正他。黄筌把画带回家去，废寝忘餐的看了几日，到底另画一本进呈。孟昶问他为什么不改，黄筌答道："道子所画，一身气力色貌，都在第二指，不在拇指，若把他改，便不成一件东西了。我这别本，一身气力，却都在拇指。"吴黄两幅画，可惜现在都失传，不能拿来比勘。但黄筌这番话，真是精到之极。我们看欧洲的名画名雕，也常常领略得一二。试想，画一个人，何以能全身气力，都赶到一个指头上，何以内行的人，一看便看得出来？那别部分的配置照应，当然有很严正的理法藏在里头，非有极明晰极致密的科学头脑，恐怕画也画不成，看也看不到。这又是美术和科学不能分离的证据。

现在国内有志学问的人，都知道科学之重要，不能不说是学界极好的新气象。但还有一种误解，应该匡正：一般人总以为研究科学，必要先有一个极大的化验室，各种仪器具备，才能着手。化验室仪器，为研究科学最利便的工具，自无待言，但以为这种设备没有完成以前，就绝对的不能研究科学，那可大错了。须知仪器是科学的产物，科学不是仪器的产物。若说没有仪器便没有科学，试想欧洲没有仪器以前，科学怎么会跳出来？即如达温奇的时代，可有什么仪器呀？何以他能成为科学家不祧之祖？须知科学最大能事，不外善用你的五官和脑筋。五官脑筋，便是最复杂最灵妙的仪器。老实说一句，科学根本精神，全在养成观察力。养成观察力的法门，虽然很多，我想，没有比美术再直捷了。因为美术家所以成功，全在观察"自然之美"。怎样才能看得出自然之美？最要紧是观察"自然之真"。能观察自然之真，不惟美术出来，连科学也出来了。所以美术可以算得科学的金钥匙。

我对于美术、科学都是门外汉，论理很不该饶舌。但我从历史上看来，觉得这两桩事确有"相得益彰"的作用。贵校是唯一的国立美术学校，他的任务，不但在养成校内一时的美术人才，还要把美育的基础，筑造得巩固，把美育的效率，发挥得加大。校中职教员学生诸君，既负此绝大责任，那么，目前的修养和将来的传述，都要从远者大者着想。我希望诸君，常常提起精神，把自己的观察力养得十分致密十分猛利十分深刻，并把自己体验得来的观察方法，传与其人，令一般人都能领会都能应用。孟子说："能与人规矩，不能使人巧。"遵用好的方法，能否便成一位大艺术家，这是属于"巧"的方面，要看各人的天才。就美术教育的任务说，最要紧是给被教育的人一个"规矩"，像中国旧话说的"可以意会，不可以言传"。那么，任凭各人乱碰上去也罢了，何必立这学校？若是拿几幅标本画临摹临摹，便算毕业，那么一个画匠优为之，又何必借国家之力呢？我想国立美术学校的精神旨趣，当然不是如此，是要替美术界开辟出一条可以人人共由之路，而且令美术和别的学问可以相沟通相浚发。我希望中国将来有"科学化的美术"，有"美术化的科学"。我这种希望的实现，就靠贵校诸君。

（1922年4月15日北京美术学校讲演稿。原载《梁任公学术演讲集》，商务印书馆1922年11月初版。）

烟士披里纯（INSPIRATION）

人常欲语其胸中之秘密，或有欲语而语之者，或有欲勿语而语之者，虽有有心无心之差别，而要之胸中之秘密，决不长隐伏于胸中，不显于口，则显于举动，不显于举动，则显于容貌。《记》曰："夫微之显，诚之不可掩如此乎？"呼！可畏哉！盖人有四肢五官，皆所以显人心中之秘密，即肢官者，人心之间谍也，告白也，招牌也，其额蹙蹙，其容悴悴者，虽强为欢笑，吾知其有忧；其笑在涡，其轩在眉者，虽口说无聊，吾知其有乐。盖其胸中之秘密，有欲自抑而不能抑，直透出此等之机关以表白于大廷广众者。述怀何必三寸之舌？写情何必七寸之管？乃至眼之一闪，颜之一动，手之一触，体之一运，无一而非导隐念述幽怀之绝大文章也。

西儒哈弥儿顿曰："世界莫大于人，人莫大于心。"谅哉言乎！而此心又有突如其来，莫之为而为，莫之致而至者。若是者我自忘其为我，无以名之，名之曰："烟士披里纯"（INSPIRATION）。"烟士披里纯"者，发于思想感情最高潮之一刹那顷，而千古之英雄、豪杰、孝子烈妇、忠臣义士以至热心之宗教家、美术家、探险家，所以能为惊天地泣鬼神之事业，皆起于此一刹那顷，为此"烟士披里纯"之所鼓动。故此一刹那间不识不知之所成就，有远过于数十年矜心作意以为之者。尝读《史记·李广列传》云："广出猎，见草中石，以为虎。射之，中石，没羽。视之，石也。因复更射之，终不能复入石矣。"由此观之，射石没羽，非李将军平生之惯技，不过此一刹那间，如电如火，莫或使之，若或使之，曰惟"烟士披里纯"之故。马丁·路得云："我于怒时，最善祈祷，最善演说。"至如玄奘法师之一钵一锡，越葱岭，犯毒瘴，以达印度；哥仑布之一帆一楫，凌洪涛，赌生命，以寻美洲；俄儿士蔑之唱俚谣，弹琵琶，以乞食于南欧；摩西之斗蛮族，逐水草，以徘徊于沙漠；虽所求不同，所成不同，而要之皆一旦为"烟士披里纯"所感动所驱使，而求达其目的而已。卢骚尝自书其《忏悔记》后曰："余当孤筇单步旅行于世界之时，未尝知我之为我，凡旅行中所遇百事百物，皆一一鼓舞发挥我之思想，余体动，余心亦因之而动。余惟饥而食，饱而行，当时所存于余之心目中者，惟始终有一新天国，余日日思之，日日求之而已。而余一生之得力，实在于此。"云云。呜呼！以卢骚心力之大，所谓放火于欧洲亿万人心之火种，而其所成就，乃自行脚中之"烟士披里纯"得来！"烟士披里纯"之动力，诚不可思议哉！

世之历史家议论家往往曰：英雄笼络人。而其所谓笼络者，用若何之手段，若何之言论，若何之颜色，一若有一定之格式，可以器械造而印板行者。果尔，则其术既有定，所以传习其术者亦必有定，如就冶师而学锻冶，就土工而学抟埴。果尔，则习其术以学为英雄，固自易易。果尔，则英雄当车载斗量，充塞天壤，而彼刻画英雄之形状，传述英雄之伎俩者，何以自身不能为英雄？噫嘻！英雄之果为笼络人与否，吾不能知之。借曰笼络，而其所谓笼络者，决非假权术，非如器械造而印板行，盖必有所谓"烟士披里纯"者，其接于人也，如电气之触物，如磁石之引铁，有欲离而不能离者焉。赵瓯北《二十二史札记》论刘备曰："观其三顾诸葛，咨以大计，独有傅岩爰立之风。关张赵云自少结契，终身奉以周旋，即羁旅奔逃，寄人篱下，无寸土可以立业，而数人者患难相随，别无贰志，此固数人者之忠义，而备亦必有深结其隐微而不可解者矣。"岂惟刘备？虽曹操，虽孙权，虽华盛顿，虽拿破仑，虽**哥郎威儿**（哥郎威儿，即乔治·格伦维尔，曾任英国首相），虽格兰斯顿，莫不皆然。彼寻常人刻画英雄之行状，下种种呆板之评论者，恰如冬烘学究之批评古文；以自家之胸臆，立一定之准绳，一若韩柳诸大家作文，皆有定规，若者为双关法，若者为单提法，若者为抑扬顿挫法，若者为波澜擒纵法，自识者视之，安有不喷饭者耶？彼古人岂尝执笔学为如此之文哉？其气充乎其中，而溢乎其貌，动乎其言，而见乎其文，而不自知也。曰惟"烟士披里纯"之故。

然则养此"烟士披里纯"亦有道乎？曰："烟士披里纯"之来也如风，人不能捕之；其生也如云，人不能攫之。虽然，有可以得之之道一焉，曰至诚而已矣。更详言之，则损弃百事，而专注于一目的，忠纯专一，终身以事之也。《记》曰："至诚所感，金石为开。"精神一到，何事不成？西儒姚哥氏（姚哥氏，即法国作家雨果）有言："妇人弱也，而为母则强。（WOMAN IS WEAK, BUT MOTHER IS STRONG.）"夫弱妇何以能为强母？唯其爱儿至诚之一念，则虽平日娇不胜衣，情如小鸟，而以其儿之故，可以独往独来于千山万壑之中，虎狼吼咻，魍魉出没，而无所于恐，无所于避。盖至诚者，人之真面目而通于神明者也。当生死呼吸之顷，弱者忽强，愚者忽智，无用者忽而有用。失火之家，其主妇运千钧之笥，若拾芥然。法国奇女若安（若安，即圣女贞德），以眇眇一田舍，青春之弱质，而能退英国十万之大军。曰惟"烟士披里纯"之故。

使人之处世也，常如在火宅，如在敌围，则"烟士披里纯"日与相随，虽百千阻力，何所可畏？虽擎天事业，何所不成？孟子曰："至诚而不动者未之有也。不诚未有能动者也。"书此铭诸终身，以自警戒，自鞭策，且以告天下之同志者。

（选自《自由书》，1899年作。原载《清议报》1900年12月1日。）

书法指导

今天很高兴，能够在许多同事所发起的书法研究会上，讨论这个题目。我自己写得不好，但是对于书法，很有趣味。多年以来，每天不断的，多少总要写点。尤其是病后医生教我不要用心，所以写字的时候，比从前格外多。今天这个题目，正好投我的脾味，自己乐得来讲讲。我所要讲的，大概可以分为五段。

（甲）书法是最优美最便利的娱乐工具

凡人必定要有娱乐。在正当的工作，及研究学问以外，换一换空气，找点娱乐品，精神才提得起来。假使全是义务工作，生活一定干燥、厌烦、无味。有一两样，或者两三样娱乐品，调剂一下，生活就有趣味多了。

娱乐的工具很多，譬如喝酒、打牌、下棋、唱歌、听戏、弹琴、绘画、吟诗，都是娱乐，各有各的好处。但是要在各种娱乐之中，选择一种最优美最便利的娱乐工具，我的意见——亦许是偏见，以为要算写字。写字有好几种优美便利处。

一、可以独乐。一人不饮酒，二人不打牌。唱歌听戏，要聚合多人，才有意思。就是下棋，最少也要两个人。单有一个人，那是乐不成的。惟有写字，不管人多人少，同乐亦可，独乐亦可，最为便利，不必一定要有同伴。

二、不择时，不择地。打球必定要球场，听戏必定要戏园，而且要天气好，又要有一定的时候。其他各种娱乐皆然，多少总有点限制。惟有写字，不择时候，不择地方，早上可以，晚上亦可以，户内可以，户外亦可以，只需桌子笔墨，随时随地，可以娱乐，非常的自由。

三、费钱不多。奏音乐要买钢琴，要买瓁珴玲，价钱都很贵，差不多的人不愿买。惟有写字，不须设备，有相当的纸墨笔就可以。墨笔最贵不过一两元钱，写得好，可以写几个月。纸更便易，几角钱，可以买许多。无论多穷，亦玩得起。

四、费时间不多。打牌绘画，都很费时间。牌除非不打，一打起码四圈，有时打到整天整夜。作画画得好，要五日一山，十日一水。惟有写字，一两点钟可以，一二十分钟亦可以，有机会，有功夫，提笔就写，不费多少时间。

五、费精神不多。作诗固然快乐，但是很费脑力，如古人所谓"吟成五个字，捻断数根须"，非呕心镂血，不易作好；下棋亦然，古人常说："长日惟消一局棋。"你想那是何等的费事。惟有写字，在用心不用心之间，脑筋并不劳碌。

六、成功容易而有比较。学画很难学会，成功一个画家，尤为难上加难。唱歌比较容易一点，但是进步与否，无法比较，昨日的声音，今日追不回来。惟有写字，每天几页，有成绩可见，上月可以同下月比较，十年之前可以同十年之后比较，随时进步，自然随时快乐。

七、收摄身心。每天有许多工作，或劳心，或劳力，作完以后，心力交瘁，精神游移，身体亦异常疲倦。惟有写字，在注意不注意之间，略为写几页，收摄精神，到一个静穆的境界，身心自然觉得安泰舒畅。所以要想收摄身心，写字是一个最好的法子。

依我看来，写字虽不是第一项的娱乐，然不失为第一等的娱乐。写字的性质，是静的，不是动的，与打球唱歌不同。喜欢静的人，觉得兴味浓深；喜欢动的人，亦应当拿来调剂一下。起初虽快乐略小，往后一天天的快乐就大起来了。

以写字作为娱乐的工具，有这么许多好处，所以中国先辈，凡有高尚人格的人，大半都喜欢写字。如像曾文正、李文忠，差不多每天都写，虽当军书旁午，亦不间断。曾文正无论公务如何忙碌，每一兴到，非写不可。李文忠事事学曾，旁的赶他不上，而规定时刻，日常写字，同曾一样。这种娱乐，又优美，又便利，要我来讲，不由我不高兴。

（乙）书法在美术上的价值

爱美是人类的天性。美术是人类文化的结晶，所以凡看一国文化的高低，可以由它的美术表现出来。美术，世界所公认的为图画、雕刻、建筑三种。中国于这三种之外，还有一种，就是写字。外国人写字，亦有好坏的区别，但是以写字作为美术看待，可以说绝对没有。因为所用工具不同，用毛笔可以讲美术，用钢笔铅笔，只能讲便利。中国写字有特别的工具，就成为特别的美术。

写字比旁的美术不同，而仍可以称为美术的原因，约有四点。

一、线的美。这种美的要素，欧美艺术家，讲究得极为精细。作张椅子，也要看长短、疏密、粗细、弯直，作得好就美，作得不好就不美。线的美，在美术中，为最高等，不靠旁物的陪衬，专靠本身的排列。譬如一个美人，专讲涂脂傅粉，只能算第二三等脚色，要五官端正，身材匀称，才算头等脚色。假如鼻大眼小，那就是丑，五官凑在一块，亦是丑。真正的美，在骨格的摆布，四平八稳，到处相称。在真美中，线最重要。西洋美术，最讲究线。

黑白相称，如电灯照出来一样，这种美术，以前不发达，近来才发达。这种美术，最能表示线的美，而且以线为主。写字就是要黑白相称。同是天地玄黄几个字，王羲之这样写，我们亦这样写，他写得好，我们写得丑，就是他的字黑白相称，我们的字黑白不相称。向来写字的人，最主要的，有一句话："计白当黑。"写字的时候，先计算白的地方，然后把黑的笔画嵌上去，一方面从白的地方看美，一方面从黑的地方看美。

一个字的解剖，要计白当黑。一行字，一幅字，全部分的组织，亦要计白当黑。譬如方才讲的天地玄黄几个字，王羲之摆得好，我们摆得不好。但是让王羲之写天字，欧阳询写地字，颜鲁公写玄字，苏东坡写黄字，合在一起，一定不好。因为大家下笔不同，计算黑白不同，所以混合起来，就不美了。线的美，固然要字字计算，同时又要全部计算。

做椅子如此，写字如此，全屋子的摆设，亦是如此。譬如这间屋子，本来是宴会厅，现在暂时作为讲演室，桌子椅子，横七竖八的凑在一起，就不美了，因为线的排列不好。真的美，一部分的线，要妥贴，全部分的线，亦要妥贴。如果绘画，要用很多的线，表示最高的美。字不比画，只需几笔，也就可以表示最高的美了。

二、光的美。绘画要调颜色，红绿相间，才能算美。就是墨笔画，不用颜色，但是亦有浓淡，才能算美。写字这件事，说来奇怪，不必颜色，不必浓淡，就是墨，而且很匀称的墨，就可以表现美出来。写得好的字，墨光浮在纸上，看去很有精神。好的手笔，好的墨汁，几百年，几千年，墨光还是浮起来的。这种美，就叫着光的美。

西洋的画，亦讲究光，很带一点神秘性。对于看画，我自己是外行，实在不容易分出好坏。但是也曾被人指点过，说某幅有光，某幅无光。我自己虽不大懂，总觉得号称有光那几幅，真是光彩动人。不过西洋画所谓有光，或者因为颜色，或者因为浓淡，那是自然的结果。中国的字，墨白两色相间，光线即能浮出。在美术界类似这样的东西，恐怕很少。

三、力的美。写字完全仗笔力，笔力的有无，断定字的好坏。而笔力的有无，一写下去，立刻可以看出来。旁的美术，可以填，可以改。如像图画，先打底稿，再画，画得不对再改。油画，尤其可以改，先画一幅人物，在上面可以改一幅山水。如像雕刻，虽亦看腕力，然亦可改，并不是一下去就不动。建筑，更可以改，建得不美，撤了再建。无论何美术，或描或填或改，总可以设法补救。

写字，一笔下去，好就好，糟就糟，不能填，不能改，愈填愈笨，愈改愈丑。顺势而下，一气呵成，最能表现真力。有力量的飞动、遒劲、活跃，没有力量的呆板、委靡、迟钝。我们看一幅画，不易看出作者的笔力。我们看一幅字，有力无力，很容易鉴别。纵然你能模仿，亦只能模仿形式，不能模仿笔力；只能说学得像，不容易说学得一样的有力。

四、个性的表现。美术有一种要素，就是表现个性。个性的表现，各种美术都可以。即如图画、雕刻、建筑，无不有个性存乎其中。但是表现得最亲切，最真实，莫如写字。前人曾说："言为心声，字为心画。"这两句话，的确不错。放荡的人，说话放荡，写字亦放荡；拘谨的人，说话拘谨，写字亦拘谨。一点不能做作，不能勉强。

旁的可假，字不可假。一个人有一个人的笔迹，旁人无论如何模仿不来。不必要毛笔，才可以认笔迹，就是钢笔铅笔，亦可以认笔迹，是谁写的，一看就知道。因为各人个性不同，所以写出来的字，也就不同了。美术一种要素，是在发挥个性。而发挥个性最真确的，莫如写字。如果说能够表现个性，就是最高美术，那末各种美术，以写字为最高。

写字有线的美，光的美，力的美，表现个性的美，在美术上，价值很大。或者因为我喜欢写字，有这种偏好，所以说各种美术之中，以写字为最高。旁的所没有的优点，写字有之；旁的所不能表现的，写字能表现出来。

（丙）模仿与创造

模仿与创造，这个问题，不单在写字方面，要费讨论，就是一切美术及其他艺术的大部分，都成为一种问题。创造固然切要，但是模仿是否切要，模仿与创造有无冲突，这都是值得研究的地方。许多人排斥模仿，以为束缚天才，我反对这种说法。学为人的道理，学做学问，学所有一切艺术，模仿都是好的，不是坏的，都是有益的，不是无益的。

简单说吧，从前人所得的成绩，从模仿下手，用很短的时间，很小的精力，就可以得到，得到后，才挪出精力，做创作的工夫，这是一件很经济的事情。考古学者，在地洞中，发现许多古画，画得很好。这种画，在古代为创作。假使人人如此，不凭借前人的成绩，设法改良，专靠一点天才，凿空创作，并不是不可以，不过几万年后，所作的画，恐怕还是同古代的山洞里的画差不多，那还有什么进步可言呢？

小孩子，在初小的时候，喜欢画，墙上壁上，画出些头大手短的像来，很肤浅。大画家现在流行的后期印象派的画，很真切，有天才的小孩子，只要好好模仿，亦可由肤浅进于真切。已成功的大画家，若当初不模仿，恐怕亦不会有什么进步。模仿这种性质，就是从前的文化，代代继承下来，好像祖上的遗产，代代增加上去一样。白手兴家，豪杰之士。但是白手可以发一百万，若得父兄一百万，就可以发一千万、一万万。白手兴家，固然很好，那能希望人人如此呢？

人类文化很长，慢慢地继承，增加下去。小的时候，得了许多知识，有所凭借，再往前努力活动，又可以添了许多的经验。如此一代一代的继承，一代一代的增加，全部文化的产业，可以发展进步到很大很高。所以我认为模仿是好的不是坏的，是有益的不是无益的。无论何种事业，都是如此，做人亦然。历史上伟大的人物，又何尝没有模仿？我们所知，恺撒极力学亚历山大，拿破仑又极力学恺撒，不管他学得对不对，有所模仿，成功容易。

一切事情，不可看轻模仿。写字这种艺术，更应当从模仿入手。并不是说从前人的聪明才力，比我们强，我们万赶不上，乃是各人有各人的特别嗜好，因为嗜好，所以成功。譬如说，王羲之天天写字，池水皆黑，后来叫作墨池。这个话真不真，暂时不讲，至少我们可以知道，王羲之因为天才相近，又肯用功，所以写出来的字，成绩很好。我们的天才、用功，当然不如他，离开他去创作，未尝不可，不过他经几十年甘苦所成的字，天才又高，功夫又绝熟，总可以作模范。因为模仿他，他黑一池，我黑半池，亦定写得好。模仿可以省事，前人的产业，我们来承受，我们的产业，后人来承受，自然一天一天的进步、增加。模仿在任何艺术，都有必要，字亦不能独外。

模仿有两条路。

一、专学一家，要学得像。即以写字而论，或学颜真卿，或学欧阳询，学那一家，终身学他。刚才讲拿破仑学恺撒是这样，孟子学孔子（乃所愿则学孔子也），亦是这样。此种模仿法，用力容易，定有范围，学之易像。

二、学许多家，兼包并蓄。先辈教人立身，要多读前言往行，以蓄其德。不管是谁说的，谁作的，只要是好，都拿来受用。扬雄说过："读一千篇赋，自然会作赋。"我们可以换句话说："学一千种碑，自然会写碑。"一千种未免太多，少点五百种，再少点五十种，学过后，自然写得好了。

两条路之中，头一条路，其优点是简切，容易下手，其弱点是妨害创作，许多人专学一家，为所束缚，把天才压下去了。第二条路，其弱点是空洞，泛滥无归；其优点是不妨害天才，可以自由创作。我个人的主张，宁肯学许多家，不肯专学一家。走第二条路，以模仿为过渡，再到创作，此为上法。

于此有一件应当注意的事情，就是分期学习。模仿若干种，分为若干时间，学这种时，不知那种，学那种时，不知这种，专心专意，不可参杂，参杂则不成功。从前人教人读书，有两句话："读《易》时觉得无《尚书》，读《诗》时不知有《春秋》。"这是表示专一的意思。不专不读，读则专一。写字亦然。模仿一种，把结构用笔，全学会后，才换第二种。依我的经验，一种碑，临十遍，可知他的结构及用笔。譬如一千字的碑写到一万字，就把结构用笔，都得着了。得着后，换第二种。

换的时候，有一种很巧妙的方法，即择若干种相反的碑帖，交换着模仿。譬如先学用圆笔的碑一万字，回头再学用方笔的碑一万字。方笔圆笔，两种相反，一种写了一万字之后，两下合起来，那就不方不圆，成了自己的创作。无论何种艺术，此法都可应用。譬如学诗，学李杜二人，学李时如无杜，不去读杜诗，学杜时如无李，不去读李诗。方学时候，不知像否，离开以后，不李不杜，自成一派。

第二条路，固然很好，指定若干碑帖，排列次序，一种一种的学去，想出方法来调和。学过五十种或百种以后，脱手时，自成一派。由模仿到创作，这是最妙的方法。第一条路，亦未尝不好，前人喜欢临僻碑，如像何子贞，得张黑女碑，绝对不告人，不知道的还说他是创作，其实亦有所本。这种方法，可以用，学过许多种类之后，再学一个特别的，亦未尝不可。单走第二条路，恐怕泛滥无归。单走第一条路，恐怕减少创造能力。混合两法，先学许多家，最后以一家为主，这算最妥当的法子了。

模仿任何事物，初入手时，最要谨慎，起初把路子走错了，以后很难挽救。今人不如古人，不是天才差，只是习染坏。如像性本相近，习则相远。唐朝有一个弹琵琶的教师，没有学过的去学，他说三年就会；弹得好的去学，他说五年才会；弹得有名的去学，他说非十年不可。人问何故？他说没有学过而质地好的人，教得得法，成功容易；弹得好弹得有名的，最初几年的工夫，须把坏习气改过，才能学好，所以格外费时间了。无论何种艺术皆然，习字也是一样。清朝的字，比较不好，因为人人都要学大卷子白折子很呆板，没有性灵。我年轻时候，想得翰林，也学过些时候的翰林字，到现在，总不脱大卷子的气味。诸君出过洋的多，常用钢笔和铅笔，至少没有大卷子习气，学时容易得多。

入手很难，所以最初就要谨慎，不可走错了路。最不应该模仿的，依我看来，约有四派。

一、赵子昂、董其昌。这一派，清初很为流行，并不是不好，只是不容易学。若从这派入手，笔力软弱，其病在妩媚圆滑，无丈夫气。中了这派的毒，很不容易改正。

二、苏东坡。这一派，喜欢用侧锋，东坡固然好，学他就不行。若从这派入手，笔锋偏倚，其病在于庸俗。至多学出一个水竹村人——徐世昌，翰林字，总统字，但是不行。

三、柳公权。这一派，干燥枯窘，本身虽好，学之不宜。我常说柳字好像四月的腊肠，好是好吃，只是咬不动。学他的人，一点不感乐趣。学字本为娱乐，干燥无味，还有什么意思呢？

四、李北海。这一派，向来人很赞美，称为"王龙跃，李虎卧"，唐时尤为有名，但是亦不可学。若从这派入手，其病在偏，与苏派同一流弊。东坡本学北海，但北海稍为平正厚重些。

总括起来说：模仿是必要的，由模仿可以到创造，无论单学一家，或多学几家都可以。但是最初的时候，不要走错了路，赵、董、柳、苏、李几家，最不可学。用为几十种模范中的一种，尚还可以，起初从他们入手，以后校正困难。顶好是把他们放在一边，不学才对。

（丁）碑帖之选择

写字须要模仿，上面已经说了，但是模仿应当以何种为资料呢？现在人多讲临帖，其实帖同碑不一样。帖从何来？最初的帖，为五代时南唐的澄清堂，以前无帖。北宋时，帖颇盛，有《淳化阁》《淳熙阁》《大观帖》皆皇帝所刻；有名的《绛帖》《潭帖》，亦从皇帝的帖，翻刻出来。最初只有墨迹，前代写家所留，极宝贵的墨迹，藏在天府，只有一本。如何才可以流通？就是用双钩钩下来，刻在木板或石块上，然后翻印成帖。好帖很少，双钩钩出，墨迹保存，此尚不失原样。如《淳化阁》《澄清堂》皆然，锋泽异常圆润。再钩再翻，经过两手，锋泽已走，渐失本真。真的好帖，海内能有几本？一张帖，说是某人写的，真否尚是问题。纵是真的，经过几回翻刻，已经与本来面目，差得很多。从前讲临帖，实在不合算。就能得真帖，已经隔几层，何况真帖难得。即如《淳化阁》有十本，果属真迹，价值几万金，我们亦买不起啊！碑同帖不一样，从前讲书丹刻石，就是请写得好的书法家，用银朱写在石头上，再请良工刻出来，所隔只有一层，走样尚小。帖纵是真，几经翻刻，失脱本来面目。碑若是真，不经翻刻，真面目尚可见。所以说临帖不如临碑。

乾隆以前，帖学很盛；中叶以后，碑学代兴；直到现在，珂罗版发明，帖学有恢复的希望。譬如商务书馆的大观帖，一本几块钱，那就很用得了。有珂罗版以后，不会走样，临帖还可以。未有之前，要得比较近真的帖，绝非寒士所能。假如不得真帖，只有经过四五回的翻板，从此入手，比学赵、苏、柳、李四家还糟，一点骨气都没有。

好帖难找，不如临碑。碑有六朝碑同唐碑两种。在从前帖学盛行的时候，碑学亦很讲究。唐碑中，欧、褚、颜、虞几家都很好，学的人很多。而欧阳询的《九成宫》及《皇甫君碑》，颜真卿的《麻姑坛》《东方画像赞》，尤为普遍。不过学这种碑，很危险，因为翻刻本多。买原拓本写，其价不让买帖，所以有名唐碑，亦不易找。

有名书家，固然唐多，然唐代的字，很呆板。虽然他们不是以大卷子白折子写字，但是因为要迎合唐太宗的意思，所以风格渐卑。与其学唐碑，不如学六朝碑，唐碑即由六朝碑出。唐代几个有名的书家，求他们的来历，六朝中都有。学六朝碑的好处，有两种。

一、迹真字好。碑后题名，注明某人所书，这是唐以后的风气，六朝以前没有。唐后的书家，为贵族的，如欧、褚等皆是；六朝的书家，为平民的，不出主名，因此赝品很少，风格很高。好像汉古乐府，许多人不著名，然其作品，比曹子建、陶渊明的作品还好。学诗要学汉乐府，学曹、陶等的老师。唐代书家，都从六朝出，与其贪名声大，反而不得真迹，何如从六朝无名作品入手，还可以看出他们的变迁。

二、物美价廉。唐朝名碑或者拓得坏，或者是翻板，锋芒看不出来。六朝碑，新出土的不少。最近二三十年，开陇海铁路，翻动地皮，发现的碑更多。这种新出土的碑，无美不备，价又低廉，最贵重的墓志铭及造像，少的三五毛，多的四五元，过十元以上的，可谓绝无仅有。拿一千块钱买《九成宫》，比一块钱的新出土的墓志铭，孰好孰坏，尚是问题。就是一样，而价值已差多了。

学碑应从六朝碑入手。拿一百块钱，到琉璃厂可以买一二百种六朝碑，有的亦许比欧阳询、颜真卿还好。新出土的碑，不著名，不花钱，真迹多，锋芒在。《淳化阁》《九成宫》一类东西，又著名，又花钱，翻板多，锋芒失。所以我主张临六朝新出土的碑。近来有珂罗版，很方便，临帖亦还可以。没有珂罗版以前，真不要打此种主意。

六朝碑很多，连造像带墓志及碑，总在二千种以上，单是龙门造像，就有一千多种。在这许多之中，可以挑出几种，看何者为最好。各人主观不同，标准自不一样。依我看来，龙门二十种，很好，很便易，不过二三元钱。其中如魏灵藏、孙秋生、始平公、杨大眼、广川王太妃、北海王祥、法生，都可以学。各墓志中如元显魏、元钦、元固、元倪、石夫人、元诠、元演、元飏、常受繁、寇臻、寇凭、李超、孙辽、韩显宗、刁遵、崔敬邕、郑道忠、贾瑾，都可以学，都很好。古碑中，如张猛龙、郑文公、贾思伯、根法师、萧场、龙藏寺、苏孝慈，亦都很好，都可以学。我所认为最好的造像、墓志及碑，大概如此。

但是应从那一种下手呢？前面所讲赵、柳、苏、李四派不可学，乃是消极方面的。至于积极方面，各人主观不同。我的意思，仍从方正严整入手为是。无论做人做事，都要砥砺廉隅，很规律，很稳当，竖起脊梁，显出骨鲠才好。假如像球一样，圆圆滑滑四面乱滚，那就可怕，而且站不住。所以作诗，我反对学白香山、陆放翁，并不是白、陆不好，是不可学。学他们成为打油诗，太容易，无价值，应先从难处下手才是。再如做人，孔子三十而立，四十而不惑，七十而从心所欲不逾矩。不逾矩，算很好了，但要经三十、四十，以至七十，费了许多年"立"和"不惑"的工夫，才能办到这个样子。这种圆法，很有价值。若先从容易的下手，做事如圆球，做人为滑头，学诗为打油，那真不可救药了。

学字，最好造像中，从魏灵藏、始平公、杨大眼入手，笨极，呆极，但是很稠密，全身的力，都在上面，打得紧，不漂滑。非从这类入手，容易流于浮靡。碑中从根法师、张猛龙入手，用笔很重，锋芒很显，容易学得像，学得好。墓志铭中，各种都有，要随时参用，我认为最适当。这是几种，都很稳重规律。

唐碑同六朝碑的比较，就是前者规矩整齐，后者无一定的规则。要想笔力遒劲，学六朝碑亦可；要想规矩整齐，学唐碑亦可。唐碑中，以欧阳询、虞世南、褚遂良、李北海、颜鲁公、柳公权，这几家最为著名。李、柳两家不可学，褚轻松，虞圆润，但佳拓难得。诸名家中，还是欧、颜两家，有蹊径可寻，容易模仿。欧、颜皆极方严，学去无流弊。欧的《九成宫》《皇甫君》，颜的《麻姑坛》《画像赞》，因有珂罗版，尚不甚贵。其余各家，珂罗版影印的亦很多。

学唐代的大写家，又不如学第二流。譬如小欧，完全学他的父亲，因为才力不如，格加谨严挺拔，比大欧还容易，没有什么毛病。小欧的《道周法师碑》《泉男生碑》很好，由他入手，再学大欧，就不难了。

总括起来说，临帖不如临碑，临唐碑又不如临六朝碑。如学唐碑，柳太干，李太偏，虞、褚少蹊径，惟颜、欧两家易学。颜于厚重方严之中，带有风华；而小欧比大欧，更挺拔。至于帖，没有珂罗版前，切不可学；影印术发明后，亦还可以。选择碑帖，大概如此。将来那位有兴致，可以指定若干种来，我们大家批评。

（戊）用笔要诀

一面要有好碑帖作模范，一面要有简单的用笔规则，好去遵循，写字才容易好。从前的《笔法歌诀》《艺舟双楫》一类的东西，很麻烦，有许多不容易作到。我现在用很简单的话，将几种很普通的原理，归纳起来，说明如下。

A. 执笔

一、指密。指头逼紧，大指中指执笔，其余的帮忙。指头的间隔，不可太疏，疏则无力。

二、拳空。拳非空不可，从前的人，讲究要可以握一个蛋。假使一把捉死，一定转运不灵。

三、腕活。真讲写字，腕要悬空。写小字如此，未免太苦，然亦不可贴死在桌子上。离开一点，运用才可敏活。

四、笔正。腕一活，笔正就容易。执笔是手指，用笔还是手腕。笔头要端正，假使两面摆，一定无气力。用指力小，用腕力大。

五、锋齐。会写字的人，讲究"万毫齐着"，把笔毛打开一半，让笔锋的力量，都到纸上，不让一毫落空，自然中正饱满了。

B. 运笔

一、画平。一笔写去，两端一般平。看时容易，做时困难。许多写家，用一生的功夫，都没做到。线的美，所以表示不圆满，就是这个原故。

二、竖直。这条同前条一样，不易做到。诚然苏东坡、李北海、张猛龙都是偏的，没有一笔平直，但他们有方法补救。上面不平，下面稍低；中间不竖，两侧稍斜；全部看来，还是平直的。他们会补救，保持线的美；我们不会，就学糟了。

三、中满。一笔过去，中间不要蜂腰，气力始能到底。这是一个原则。褚字是例外，中间小，头尾粗，虽量分寸，似乎不满，但笔力还是满的。此类字，不可学。要学平正通达的字，横直一般粗细，尖的地方，亦得慢慢尖去。

四、转遒。转弯的时候，要遒劲有力，圆则如半环，方则如刀切。最忌讳有胆肛，有便难看。转遒与中满同一原则，万一力不到，点几点，那就异常之糟。这个病，最易犯。

五、锋回。出锋的地方，一点一撇，最要注意，力量须灌到。一躲懒，带过去，那便糟了。初学时，一笔到头，回锋勒住，左行的锋往右勒，下行的锋往上勒。写熟后，不必回锋，亦有含蓄。

执笔运笔的方法，前人讲得很多，此处不能多讲，单讲这十条。只要一一做到，那亦就很够了。还要说几句，关于用好笔，用砚的话，这也是讲书法不可不注意的事情。

我用笔很讲究，每支一元或二元三元不等，看来费钱，其实省钱，比诸同事还省。我用一管好羊毫，写一万字，正是照样，笔在我手里，几乎不会烂。一定要写到"秃中书，不中书"，这才束之高阁。我用笔，不让一根毛脱，写时只开一半，干后温水润之，自然不易坏了。

用笔最忌按，顶好不用墨盒。拿笔到墨盒中打滚，墨干了，挤出来，笔安得不坏？我常用砚慢慢的磨，磨得很匀很细，写在纸上，自然好看，而且蘸墨时不亏笔。新墨有光，旧墨无光，我从来不用隔天的墨。写完后，用水将砚洗净，再写时再磨。

用笔用狼毫易碎，不如羊毫经久。我的经验，一支羊毫，可以抵三支狼毫。无论什么笔，坏在脱毛，一根断，全体跟着断。会写字的人，只有写秃笔，没有写坏笔。假使用一块钱以上的羊毫，又用砚，可以写得舒服而且省钱。

初学临帖最好用九宫格，可以规定线的美。粗细、疏密、高低、长短，只须差一点，结果就不同了。临块碑十次，三次用九宫格，七次放开手写，一定能写得规律严正。

还有一种叫摹帖，摹与临不同，临是看着写，摹是盖在上面写。摹得用笔，临得结构，两者都可并用。现在帖便易，不怕摹浸。主要的碑帖，临十回，摹一回就可以了。

今天讲得简漏得很，但是因为用功写字，其中颇多甘苦之言，特别向诸君贡献。至于我所藏的碑帖，多在天津家里没带来，以后有机会，还可以同诸君切实的观摹研究。

（1927年清华学校教职员书法研究会讲演稿，周传儒笔记。）

郑裴裳画引

论画于今，盖极风会之变矣。魏晋云邈，靡得而窥。六朝暨唐，传播盖寡。逮宣和院画导源谢赫，区佛道人物山川鸟兽竹花屋木凡六科，其布局取势，运笔赋色，规矩峻整，而神理内完，专门之艺，此惟精能。尔时王延嗣揣情于鬼神，僧修范擅名于湖石，道士刘贞白审美于梅雀，童祥、许中正穷态于人物，并有流传，允称名笔。南渡而后，四家继轨，而世谓工巧过甚，梁楷倡为减笔，偏趁气韵。学者乐其夷易，流播同风，正法衰微。兹其始也，元人意匠，始肇西来，但有主宾，无关坛壝。盖松雪、大痴、叔明、圣予诸人，去宋匪远，当时院体，有足称者。沿明迄清，六法浸缺，朝无供奉之司，野鲜专家之业。士夫偶托遁逃，贤于博弈，始事临摹，渐多蜕变。然灵迹罕觏，买王倘其得羊，偏师出奇，拔赵讵云易汉。又自短幅盛行，画壁之工绝，水墨夺研，炼色之秘失，故其山水小景，足当附庸。至圣贤仙佛鬼神士女之图，蔬果鱼鸟屋木舟车之作，渐失传头，辄讥匠手，是以画家上品，道释山川，诸科咸备。今学所羡,山水方滋,盖象物每穷于写生,而即景可传于远致,贵耳贱目,有同然矣。其间名迹斑斑,或以人传,或缘物罕,语夫丹青之生面,艺能之极则,百家腾跃,俯首宋元,洎乎晚近,外学乘之,运缀致其密,皴染研其精。小道可观,殆将夺席。斯亦连之极乎?美利坚人有夏德者,游艺东方,穷极理法,尝语余曰:中土绘事,自然秀深把诸胸次,其或笔余墨外,不称壮阔之观,墨聚笔端,未穷生动之致,过求脱悟,故形神不全。西洋别体细微,由乎科学。若其量价申纸,计值添毫,意在利市,则气韵不举。去市与脱,假汝高衢,此可谓知趣者也。郑生裛裛负笈扶桑,秉秀腾实,彼邦绘画,受法于中夏,竞采于欧洲,传习之初,由博而一,先以几何物质解剖动植通其方,继以美术文史金石教育风俗昭其趣,渐成非顿,资深逢源,盖若是其难也。子云千赋之言,小山四知之论,昔贤已发,宁谓迂谈。然则上下数百年间,就画学画,以涂附涂,谓得闉中,讵知濠上,其于灵襟独逞,矩蠖弗由,轮扁莫能运斤,伊挚不求负鼎,厥蔽均也。生冥心妙造,历逾岁纪,沿流溯源,众长奄备。莫不细入毫发,而意惬飞动,务极规矩,归于自然。宋元家法,往往而合,其诸擅高往策,独秀当时者欤!东京市新古博览会,大正博览会,美国巴拿马博览会,竞致褒题,翕然精诣,东方学者,未能或之先也。自顷应聘归国,将之京师,维舟天津,丏辞于余。燕京帝王旧宅,首善奥区,名利崇朝,伎巧鳞萃,内府之所供,方家之所庋。词人佚老，豪贵巨猾，并富收藏，各矜元赏，于生之至，有不厚礼倒屣，以相友教者乎？竺于旧则得所折衷，劚于新则资以濡染。嘉哉此行，可以游处矣！乙卯九月梁启超。

（1915年作。
原载《饮冰室合集》第四册第三十三，中华书局1989年版。）

知育要教到人不惑,

情育要教到人不忧,

意育要教到人不惧。

第二编

为学与做人

为学与做人

诸君！我在南京讲学将近三个月了。这边苏州学界里头，有好几回写信邀我；可惜我在南京是天天有功课的，不能分身前来。今天到这里，能够和全城各校诸君聚在一堂，令我感激得很。但有一件，还要请诸君原谅，因为我一个月以来，都带着些病，勉强支持，今天不能作很长的讲演，恐怕有负诸君期望哩。

问诸君："为甚么进学校？"我想人人都会众口一辞的答道："为的是求学问。"再问："你为什么要求学问？""你想学些什么？"恐怕各人的答案就很不相同，或者竟自答不出来了。诸君啊！我请替你们总答一句罢："为的是学做人。"你在学校里头学的什么数学、几何、物理、化学、生理、心理、历史、地理、国文、英语，乃至什么哲学、文学、科学、政治、法律、经济、教育、农业、工业、商业等等，不过是做人所需要的一种手段，不能说专靠这些便达到做人的目的。任凭你把这些件件学得精通，你能够成个人不能成个人还是别问题。

人类心理，有知、情、意三部分。这三部分圆满发达的状态，我们先哲名之为"三达德"——智，仁，勇。为什么叫做"达德"呢？因为这三件事是人类普通道德的标准，总要三件具备才能成一个人。三件的完成状态怎么样呢？孔子说："知者不惑，仁者不忧，勇者不惧。"所以教育应分为知育、情育、意育三方面。——现在讲的智育、德育、体育，不对。德育范围太笼统，体育范围太狭隘。——知育要教到人不惑，情育要教到人不忧，意育要教到人不惧。教育家教学生，应该以这三件为究竟；我们自动的自己教育自己也应该以这三件为究竟。

怎么样才能不惑呢？最要紧是养成我们的判断力。想要养成判断力，第一步，最少须有相当的常识。进一步，对于自己要做的事须有专门智识。再进一步，还要有遇事能断的智慧。假如一个人连常识都没有，听见打雷，说是雷公发威；看见月食，说是虾蟆贪嘴。那么，一定闹到什么事都没有主意，碰着一点疑难问题，就靠求神问卜看相算命去解决。真所谓"大惑不解"，成了最可怜的人了。学校里小学中学所教，就是要人有了许多基本的常识，免得凡事都暗中摸索。但仅仅有这点常识还不够。我们做人，总要各有一件专门职业；这门职业，也并不是我一人破天荒去做，从前已经许多人做过。他们积了无数经验，发见出好些原理原则，这就是专门学识。我打算做这项职业，就应该有这项专门学识。例如我想做农吗：怎样的改良土壤，怎样的改良种子，怎样的防御水旱病虫，等等，都是前人经验有得成为学识的。我们有了这种学识，应用他来处置这些事，自然会不惑；反是则惑了。做工做商等等都各各有他的专门学识，也是如此。我想做财政家吗：何种租税可以生出何样结果，何种公债可以生出何样结果，等等，都是前人经验有得成为学识的。我们有了这种学识，应用他来处置这些事，自然会不惑；反是则惑了。教育家军事家等等都各各有他的专门学识，也是如此。我们在高等以上学校所求的智识，就是这一类。但专靠这种常识和学识就够吗？还不能。宇宙和人生是活的不是呆的，我们每日所碰见的事理是复杂的变化的不是单纯的印板的。倘若我们只是学过这一件才懂这一件，那么，碰着一件没有学过的事来到跟前，便手忙脚乱了。所以还要养成总体的智慧才能得有根本的判断力。这种总体的智慧如何才能养成呢？第一件，要把我们向来粗浮的脑筋，着实磨练它，叫它变成细密而且踏实。那么，无论遇着如何繁难的事，我都可以彻头彻尾想清楚它的条理，自然不至于惑了。第二件，要把我们向来昏浊的脑筋，着实将养它，叫它变成清明。那么，一件事理到跟前，我才能很从容很莹澈的去判断它，自然不至于惑了。以上所说常识学识和总体的智慧，都是智育的要件，目的是教人做到知者不惑。

怎么样才能不忧呢？为什么仁者便会不忧呢？想明白这个道理，先要知道中国先哲的人生观是怎么样。"仁"之一字，儒家人生观的全体大用都包在里头。"仁"到底是什么？很难用言语说明。勉强下个解释，可以说是"普遍人格之实现"。孔子说："仁者人也。"意思说是人格完成就叫做"仁"。但我们要知道：人格不是单独一个人可以表见的，要从人和人的关系上看出来。所以"仁"字从二人，郑康成解它做"相人偶"。总而言之，要彼我交感互发，成为一体，然后我的人格才能实现。所以我们若不讲人格主义，那便无话可说。讲到这个主义，当然归宿到普遍人格。换句话说：宇宙即是人生，人生即是宇宙，我的人格和宇宙无二无别。体验得这个道理，就叫做"仁者"。然则这种仁者为甚么就会不忧呢？大凡忧之所从来，不外两端，一曰忧成败，二曰忧得失。我们得着"仁"的人生观，就不会忧成败。为什么呢？因为我们知道宇宙和人生是永远不会圆满的，所以《易经》六十四卦，始"乾"而终"未济"。正为在这永远不圆满的宇宙中，才永远容得我们创造进化。我们所做的事，不过在宇宙进化几万万里的长途中，往前挪一寸两寸，那里配说成功呢？然则不做怎么样呢？不做便连这一寸两寸都不往前挪，那可真真失败了。"仁者"看透这种道理，信得过只有不做事才算失败，肯做事便不会失败。所以《易经》说："君子以自强不息。"换一方面来看，他们又信得过凡事不会成功的，几万万里路挪了一两寸，算成功吗？所以《论语》说："知其不可而为之。"你想，有这种人生观的人，还有什么成败可忧呢？再者，我们得着"仁"的人生观，便不会忧得失。为什么呢？因为认定这件东西是我的，才有得失之可言。连人格都不是单独存在，不能明确的画出这一部分是我的，那一部分是人家的，然则那里有东西可以为我所得？既已没有东西为我所得，当然也没有东西为我所失。我只是为学问而学问，为劳动而劳动，并不是拿学问劳动等等做手段来达某种目的——可以为我们"所得"的。所以老子说："生而不有，为而不恃"，"既以为人己愈有，既以与人己愈多"。你想，有这种人生观的人，还有什么得失可忧呢？总而言之，有了这种人生观，自然会觉得"天地与我并生，而万物与我为一"，自然会"无入而不自得"。他的生活，纯然是趣味化艺术化。这是最高的情感教育，目的教人做到仁者不忧。

怎么样才能不惧呢？有了不惑不忧工夫，惧当然会减少许多了。但这是属于意志方面的事。一个人若是意志力薄弱，便有很丰富的智识，临时也会用不着；便有很优美的情操，临时也会变了卦。然则意志怎么才会坚强呢？头一件须要心地光明。孟子说："浩然之气，至大至刚。行有不慊于心，则馁矣。"又说："自反而不缩，虽褐宽博，吾不惧焉；自反而缩，虽千万人，吾往矣。"俗语说得好："生平不做亏心事，夜半敲门也不惊。"一个人要保持勇气，须要从一切行为可以公开做起，这是第一着。第二件要不为劣等欲望之所牵制。《论语》记："子曰：吾未见刚者。或对曰：申枨。子曰：枨也欲，焉得刚？"一被物质上无聊的嗜欲东拉西扯，那么，百炼刚也会变为绕指柔了。总之一个人的意志,由刚强变为薄弱极易,由薄弱返到刚强极难。一个人有了意志薄弱的毛病,这个人可就完了。自己作不起自己的主,还有什么事可做?受别人压制,做别人奴隶,自己只要肯奋斗,终须能恢复自由。自己的意志做了自己情欲的奴隶,那么,真是万劫沉沦,永无恢复自由的余地,终身畏首畏尾,成了个可怜人了。孔子说:"和而不流,强哉矫;中立而不倚,强哉矫;国有道,不变塞焉,强哉矫;国无道,至死不变,强哉矫。"我老实告诉诸君说罢,做人不做到如此,决不会成一个人。但做到如此真是不容易,非时时刻刻做磨练意志的工夫不可。意志磨练得到家,自然是看着自己应做的事,一点不迟疑,扛起来便做,"虽千万人吾往矣"。这样才算顶天立地做一世人,绝不会有藏头躲尾左支右绌的丑态。这便是意育的目的,要教人做到勇者不惧。

我们拿这三件事作做人的标准。请诸君想想,我自己现时做到那一件——那一件稍为有一点把握。倘若连一件都不能做到,连一点把握都没有,嗳哟,那可真危险了!你将来做人恐怕就做不成。讲到学校里的教育吗:第二层的情育第三层的意育,可以说完全没有;剩下的只有第一层的知育。就算知育罢,又只有所谓常识和学识,至于我们所讲的总体智慧靠来养成根本判断力的,却是一点儿也没有。这种"贩卖智识杂货店"的教育,把他前途想下去,真令人不寒而栗!现在这种教育,一时又改革不来,我们可爱的青年,除了他更没有可以受教育的地方。诸君啊！你到底还要做人不要？你要知道危险呀！非你自己抖擞精神想方法自救，没有人能救你呀！

诸君啊！你千万别要以为得些片断的智识，就算是有学问呀。我老实不客气告诉你罢：你如果做成一个人，智识自然是越多越好；你如果做不成一个人，智识却是越多越坏。你不信吗？试想想全国人所唾骂的卖国贼某人某人，是有智识的呀，还是没有智识的呢？试想想全国人所痛恨的官僚政客——专门助军阀作恶鱼肉良民的人，是有智识的呀，还是没有智识的呢？诸君须知道啊：这些人当十几年前在学校的时代，意气横厉，天真烂漫，何尝不和诸君一样？为什么就会堕落到这样田地呀？屈原说的："何昔日之芳草兮，今直为此萧艾也！岂其有他故兮，莫好修之害也。"天下最伤心的事，莫过于看着一群好好的青年，一步一步的往坏路上走。诸君猛醒啊！现在你所厌所恨的人，就是你前车之鉴了。

诸君啊！你现在怀疑吗？沉闷吗？悲哀痛苦吗？觉得外边的压迫你不能抵抗吗？我告诉你：你怀疑和沉闷，便是你因不知才会惑。你悲哀痛苦，便是你因不仁才会忧。你觉得你不能抵抗外界的压迫，便是你因不勇才有惧。这都是你的知情意未经过修养磨练，所以还未成个人。我盼望你有痛切的自觉啊！有了自觉，自然会自动。那么，学校之外，当然有许多学问，读一卷经，翻一部史，到处都可以发见诸君的良师呀！

诸君啊！醒醒罢！养足你的根本智慧，体验出你的人格人生观，保护好你的自由意志。你成人不成人，就看这几年哩！

（1922年12月27日苏州学生联合会讲演稿。原载《晨报副镌》1923年1月15日。）

敬业与乐业

我这题目，是把《礼记》里头"敬业乐群"和《老子》里头"安其居乐其业"那两句话断章取义造出来。我所说是否与《礼记》《老子》原意相合，不必深求；但我确信"敬业乐业"四个字，是人类生活不二法门。

本题主眼，自然是在"敬"字"乐"字。但必先有业，才有可敬可乐的主体，理至易明。所以在讲演正文以前，先要说说有业之必要。

孔子说："饱食终日，无所用心，难矣哉！"又说："群居终日，言不及义，好行小慧，难矣哉！"孔子是一位教育大家，他心目中没有什么人不可教诲，独独对于这两种人便摇头叹气说道："难！难！"可见人生一切毛病都有药可医，惟有无业游民，虽大圣人碰着他，也没有办法。

唐朝有一位名僧百丈禅师，他常常用两句格言教训弟子，说道："一日不做事，一日不吃饭。"他每日除上堂说法之外，还要自己扫地、擦桌子、洗衣服,直到八十岁日日如此。有一回他的门生想替他服劳,把他本日应做的工悄悄地都做了,这位言行相顾的老禅师,老实不客气,那一天便绝对的不肯吃饭!

我征引儒门佛门这两段话,不外证明人人都要正当职业,人人都要不断的劳作。倘若有人问我:"百行什么为先?万恶什么为首?"我便一点不迟疑答道:"百行业为先,万恶懒为首。"没有职业的懒人,简直是社会上蛀米虫,简直是"掠夺别人勤劳结果"的盗贼。我们对于这种人,是要彻底讨伐,万不能容赦的。有人说:我并不是不想找职业,无奈找不出来。我说:职业难找,原是现代全世界普通现象,我也承认。这种现象应该如何救济,别是一个问题,今日不必讨论。但以中国现在情形论,找职业的机会,依然比别国多得多。一个精力充满的壮年人,倘若不是安心躲懒,我敢信他一定能得相当职业。今日所讲,专为现在有职业及现在正做职业上预备的人——学生——说法,告诉他们对于自己现有的职业应采何种态度。

第一要敬业。"敬"字为古圣贤教人做人最简易直捷的法门,可惜被后来有些人说得太精微,倒变了不适实用了。惟有朱子解得最好,他说"主一无适便是敬"。用现在的话讲:凡做一件事便忠于一件事,将全副精力集中到这事上头,一点不旁骛,便是敬。业有什么可敬呢?为什么该敬呢?人类一面为生活而劳动，一面也是为劳动而生活。人类既不是上帝特地制来充当消化面包的机器，自然该各人因自己的地位和才力，认定一件事去做。凡可以名为一件事的，其性质都是可敬。当大总统是一件事，拉黄包车也是一件事。事的名称，从俗人眼里看来有高下；事的性质，从学理上解剖起来并没有高下。只要当大总统的人信得过我可以当大总统才去当，实实在在把总统当作一件正经事来做；拉黄包车的人信得过我可以拉黄包车才去拉，实实在在把拉车当作一件正经事来做，便是人生合理的生活。这叫做职业的神圣。凡职业没有不是神圣的，所以凡职业没有不是可敬的。惟其如此，所以我们对于各种职业，没有什么分别拣择。总之，人生在世是要天天劳作的，劳作便是功德，不劳作便是罪恶。至于我该做那一种劳作呢？全看我的才能何如境地何如。因自己的才能境地做一种劳作做到圆满，便是天地间第一等人。

怎样才能把一种劳作做到圆满呢？唯一的秘诀就是忠实，忠实从心理上发出来的便是敬。《庄子》记痀偻丈人承蜩的故事，说道："虽天地之大，万物之多，而惟吾蜩翼之知。"凡做一件事，便把这件事看作我的生命，无论别的什么好处，到底不肯牺牲我现做的事来和他交换。我信得过我当木匠的做成一张好桌子，和你们当政治家的建设成一个共和国家同一价值。我信得过我当挑粪的把马桶收拾得干净，和你们当军人的打胜一支压境的敌军同一价值。大家同是替社会做事，你不必羡慕我，我不必羡慕你。怕的是我这件事做得不妥当，便对不起这一天里头所吃的饭。所以我做事的时候，丝毫不肯分心到事外。曾文正说："坐这山，望那山，一事无成。"我从前看见一位法国学者著的书，比较英、法两国国民性，他说："到英国人公事房里头，只看见他们埋头执笔做他的事，到法国人公事房里头，只看见他们衔着烟卷像在那里出神。英国人走路，眼注地上，像用全副精神注在走路上；法国人走路，总是东张西望，像不把走路当一回事。"这些话比较得是否确切，姑且不论，但很可以为"敬业"两个字下注脚。若果如他们所说，英国人便是敬，法国人便是不敬。一个人对于自己的职业不敬，从学理方面说，便亵渎职业之神圣；从事实方面说，一定把事情做糟了，结果自己害自己。所以敬业主义，于人生最为必要，又于人生最为有利。庄子说："用志不纷，乃凝于神。"孔子说："素其位而行，不愿乎其外。"我说的敬业，不外这些道理。

第二要乐业。"做工好苦呀！"这种叹气的声音，无论何人都会常在口边流露出来。但我要问他："做工苦，难道不做工就不苦吗？"今日大热天气，我在这里喊破喉咙来讲，诸君扯直耳朵来听，有些人看着我们好苦。翻过来，倘若我们去赌钱去吃酒，还不是一样的淘神费力？难道又不苦？须知苦乐全在主观的心，不在客观的事。人生从出胎的那一秒钟起到咽气的那一秒钟止，除了睡觉以外，总不能把四肢五官都阁起不用。只要一用，不是淘神，便是费力，劳苦总是免不掉的。会打算盘的人只有从劳苦中找出快乐来。我想天下第一等苦人，莫过于无业游民，终日闲游浪荡，不知把自己的身子和心子摆在那里才好，他们的日子真难过。第二等苦人，便是厌恶自己本业的人，这件事分明不能不做，却满肚子里不愿意做，不愿意做逃得了吗？到底不能，结果还是皱着眉头哭丧着脸做去，这不是专门自己替自己开玩笑吗？我老实告诉你一句话：凡职业都是有趣味的，只要你肯继续做下去，趣味自然会发生。为什么呢？第一，因为凡一件职业，总有许多层累曲折，倘能身入其中，看它变化进展的状态，最为亲切有味。第二，因为每一职业之成就，离不了奋斗。一步一步的奋斗前去，从刻苦中得快乐，快乐的分量加增。第三，职业的性质，常常要和同业的人比较骈进，好像赛球一般，因竞胜而得快乐。第四，专心做一职业时，把许多游思妄想杜绝了，省却无限闲烦恼。孔子说："知之者不如好之者，好之者不如乐之者。"人生能从自己职业中领略出趣味，生活才有价值。孔子自述生平，说道："其为人也，发愤忘食，乐以忘忧，不知老之将至云尔。"这种生活，真算得人类理想的生活了。

我生平最受用的有两句话，一是"责任心"，二是"趣味"。我自己常常力求这两句话之实现与调和,又常常把这两句话向我的朋友强聒不舍。今天所讲,敬业即是责任心,乐业即是趣味。我深信人类合理的生活总该如此。我盼望诸君和我同一受用。

（1922年8月14日上海中华职业学校讲演稿。

原载《时事新报》1922年8月18日。）

最苦与最乐

人生甚么事最苦呢？贫吗？不是。病吗？不是。失意吗？不是。老吗？死吗？都不是。我说人生最苦的事，莫苦于身上背着一种未来的责任。

人若能知足，虽贫不苦；若能安分（不多作分外希望），虽失意不苦；老，病，死，乃人生难免的事，达观的人看得很平常，也不算甚么苦。独是凡人生在世间一天，便有一天应该做的事。该做的事没有做完，便像是有几千斤重担子压在肩头，再苦是没有的了。为甚么呢？因为受那良心责备不过，要逃躲也没处逃躲呀！

答应人办一件事没有办，欠了人的钱没有还，受了人家的恩惠没有报答，得罪了人没有赔礼，这就连这个人的面也几乎不敢见他；纵然不见他面，睡里梦里，都像有他的影子来缠着我。为甚么呢？因为觉得对不住他呀，因为自己对于他的责任还没有解除呀！不独是对于一个人如此，就是对于家庭，对于社会，对于国家，乃至对于自己，都是如此。凡属我受过他好处的人，我对于他便有了责任。（家庭、社会、国家，也可当作一个人看。我们都是曾经受过家庭、社会、国家的好处，而且现在还受着它的好处，所以对于它常常有责任。）凡属我应该做的事，而且力量能够做得到的，我对于这件事便有了责任。（譬如父母有病，不能靠别人伺候，这是我应该做的事，求医觅药，是我力量能做得到的事。我若不做，便是不尽责任。医药救得转来救不转来，这却不是我的责任。）凡属我自己打主意做一件事，便是现在的自己和将来的自己立了一种契约，便是自己对于自己加一层责任。（譬如我已经定了主意，要戒烟，从此便负了有不吸烟的责任。我已经定了主意，要著一部书，从此便有著成这部书的责任。这种不是对于别人负责任，却是现在的自己对于过去的自己负责任。）有了这责任，那良心便时时刻刻监督在后头。一日应尽的责任没有尽，到夜里头便是过的苦痛日子。一生应尽的责任没有尽，便死也是带着苦痛往坟墓里去。这种苦痛却比不得普通的贫、病、老，可以达观排解得来。所以我说人生没有苦痛便罢，若有苦痛，当然没有比这个加重的了。

翻过来看，甚么事最快乐呢？自然责任完了，算是人生第一件乐事。古语说得好："如释重负。"俗语亦说是："心上一块石头落了地。"人到这个时候，那种轻松愉快，真不可以言语形容。责任越重大，负责的日子越久长，到责任完了时，海阔天空，心安理得，那快乐还要加几倍哩！大抵天下事，从苦中得来的乐才算真乐。人生须知道有负责任的苦处，才能知道有尽责任的乐处。这种苦乐循环，便是这有活力的人间一种趣味。却是不尽责任，受良心责备，这些苦都是自己找来的。一翻过去，处处尽责任，便处处快乐；时时尽责任，便时时快乐。快乐之权，操之在己。孔子所以说"无入而不自得"，正是这种作用哩！

然则为甚么孟子又说"君子有终身之忧"呢？因为越是圣贤豪杰，他负的责任便越是重大；而且他常要把种种责任来揽在身上，肩头的担子从没有放下的时节。曾子还说哩："任重而道远……死而后已，不亦远乎？"那仁人志士的忧民忧国，那诸圣诸佛的悲天悯人，虽说他是一辈子感受苦痛，也都可以。但是他日日在那里尽责任，便日日在那里得苦中真乐，所以他到底还是乐，不是苦呀！

有人说，既然这苦是从负责任生来，我若是将责任卸却，岂不就永远没有苦了吗？这却不然，责任是要解除了才没有，并不是卸了就没有。人生若能永远像两三岁小孩，本来没有责任，那就本来没有苦。到了长成，责任自然压在你的肩头上，如何能躲？不过有大小的分别罢了。尽得大的责任，就得大快乐；尽得小的责任，就得小快乐。你若是要躲，倒是自投苦海，永远不能解除了。

（原载《大公报》1918年12月29日。）

知命与努力

今天所讲的题目是"知命与努力"。知命同努力这两件事，骤看似乎不易合并在一处。《列子·力命》篇中曾经说明力与命不能相容，我从前作的诗也有"百年力与命相持"之句，都是把知命同努力分开，而且以为两者不能并存，可是，究竟是不是这样呢？现在便要研究这个问题。胡适之先生在欧洲演说中国文化，狠攻击知命之说，以为知命是一种懒惰哲学，这种主张，能养成懒惰根性。这话若不错，那么，我们这个懒惰人族，将来除了自然淘汰之一途外，真没有别条路可走了。但究竟是不是这样呢？现在还当讨论。

在《论语》里面有一句话："不知命，无以为君子。"意思是说：凡人非有知命的功夫不能做君子。"君子"二字在儒家的意义常是代表高尚人格的。可以知道儒家的意见，是以知命为养成高尚人格的重要条件。其他"五十而知命"等类的话很多，知命一事在儒家可谓重视极了。再来返观儒家以外的各家的态度怎样呢？墨家树起反对之帜，矫正儒家，所攻击的，大半是儒家所重视的。所以墨家自然不相信命。《墨子·非命》篇中便极端否认知命，在现在讲，可算"打倒知命"了。列子的意见，更可从《力命》篇中看出。他假设两人对话，一名力，一名命，争论结果，偏重于命。列子是代表道家的，可见道家的主张，是根本将命抬到最高的地位，而将力压服在下面，和墨家重力黜命的宗旨恰恰相反。可是儒家就不然，一面讲命，一面亦讲力，知命和努力，是同在一样的重要的地位，即以"不知命，无以为君子"一句论，为君子便是努力，但却以知命为必要条件，可知在儒家的眼光中两者毫无轩轾了。

"命"字到底怎么解呢？《论语》中的话很简单，未曾把定义揭出来，我们只好在儒家后辈的书籍中寻解说。《孟子》《荀子》《礼记》，这三种都是后来儒家的重要的书。《孟子》说："莫之致而至者命也。"意谓并不靠我们力量去促成，而它自己当然来的，便是命。《荀子》说："节遇谓之命。"节是时节，意谓在某一时节偶然遇着的，便是命。《礼记》说："分于道之谓命。"这一条戴东原解释得最详，他以为道是全体的统一的，在那全体的里面，分一部分出来，部分对于全体，自然要受其支配，那叫做"分限"，便是命。综合这几条，简单的说，就是：我们的行为，受了一种不可抵抗的力量的支配，偶然间遇着一个机会，或者被限制着只许在一定范围内自由活动，这便是命。命的观念，大概如此。

分限——命——的观念既明，究竟有多少种类，经过详密的分析，大约有下列四种：（一）自然界给予的分限。这类分限，极为明显易知，如现在天暖，须服薄衣，转眼秋冬来了，又要需用厚衣，这便是一种自然界的分限。用外国语解释，便是自然界对于人类行为，给的一个order（order，即命令），只能在范围内活动，想超过是不能的。人类常常自夸，人力万能征服了自然界，但是到底征服了多少，还是个问题，譬如前时旧金山和日本的地震，人类几十年努力经营的结果，只消自然界几秒钟的破坏，便消灭无余，人类到底征服了自然界多少呢？近几天，天文家又传说慧星将与地球接近，星尾若扫到地面，便要发生危险，此事固未实现，然假设慧星尾与地面接触了，那变化又何堪设想，彼时人类征服自然界的力量又如何呢？这样便证明自然界的力量，委实比我们人类大得多，人类不得不在它给予的分限中讨生活的。（二）社会给予的分限。凡是一个社会，必有它的时间的遗传和空间的环境，这两样都能给予人们以重要的分限。无论如何强有力的人，在一个历时很久的社会中，总不能使那若干年遗传的结果消灭，并且自身反要受它的影响。即如我中华民国，挂上民治招牌已十六年了，实际上种种举动，所以名实不符者，实在是完全受了数千年历史惰力所支配，不克自拔。社会如此，个人亦如此；一人如此，众人亦如此，不独为世所诟病的军阀官僚，难免此惰力之支配，乃至现代蓬勃之青年，是否果能推翻惰力，不受其支配，仔细思之，当然不敢自信。吾人一举一动，一言一行，所不为惰力所干涉者，实不多见的。至于空间方面，亦复如是，现在中国经济状况，日趋贫乏，几乎有全国国民皆有无食之苦的景况，若想用人的力量去改这种不幸的情形，不是这一端改好，那一端又发生毛病；便是那一端改好，这一端又现出流弊。环境的势力，好似一条长链，互相牵掣，吾人的生活，便是在这全国环境互相牵掣的势力支配的底下决定，人为的改造，是不能实现的。小而言之，一个团体，也是这样，凡一个学校，它有学风，某一个在这学校里念书的学生，当然受学风的影响和支配，想跳出学风以外，是不容易的。而这个学校的学风，又不是单独成立的，又与其他学校，发生连带关系，譬如在北京某一学校，它的学风，不能不受全北京学校的学风的影响和支配，而不能脱离，就是这样。全北京的学风，影响到某一校，一校的学风，又影响到某一人，关系是如此其密切而复杂，所以社会在空间上给予人们的分限，是不可避免，而不易改造的。（三）个人固有的分限。在个人自身的性质、能力、身体、人格、经济诸方面，常有许多不由自主的状态，这便是个人固有的分限。这些分限，有的是先天带来的，有的是受了社会的影响自然形成的，然而其为分限则一。譬如有些人身体好，有些人身体坏，身体好的人每天做十多点钟的功课，不觉疲倦，身体弱的人每天只用功几点钟，便非常困乏，再不停止，甚至患病，像这种差别，是没有法子去平均和补救的。讲其原因，自然是归咎于父母的身体不强壮，才遗传这般的体质。这不独个人为然，即以民族而言，华人同欧美比较，相去实在很远，这都是以前的祖先遗留的结果，不是一时的现象，然而既经堕落到如此地步，再想齐驱并驾，实无方法可施。既曰实行卫生，或可稍图改善，然一样的运动，一样的营养，而强者自强，弱者自弱，想立刻平等，是不可能的。才能经济诸端，尤其易见，有聪明有天才的人，一目十行，倚马万言，资质愚笨的人，自然赶他不上。有遗产的子弟，可以安富尊荣，卒业游学，家境困苦的人，自然千辛万苦，往往学业不完，这种分限，凡为人类，怎能逃脱。身体才能，固然不能变易，即如物质方面之经济力，似乎可以转换，然而要将一个穷学生于顷刻中化为富豪，亦是不能实现的事。物质的限制尚且如此之难去，何论其他，个人分限，诚不可轻视的了。（四）对手方给予的分限。凡人固然自己要活动，然而同时别人也要活动，彼此原都是一样的。加之人的活动方面，对自然常少，而对于他人的常多，所以人们活动是最易和他人发生关系的，既然如此，人们活动的时候，那对手方对于自己的活动也很有影响，这影响就是分限了。人们对他人发生活动，他人为应付起见，发出相当的活动来对抗。于是自己起了所谓反应，反应也有顺的，也有逆的，遇见顺的，尚不要紧，遇见逆的，则自己的活动将受其限制，而不能为所欲为，于是便构成了对手方的分限。这可以拿施教育者与受教育者做个比方，施者虽极力求其领会，然受者仍有活动的余地，若起了逆的反应，这个教育的方法，便要失败的。此犹言团体行为也，个人对个人也是如此，朋友、夫妇间的关系，何莫不然，无论如何任性的人，他的行为总难免反受其妻之若干分限，妻之方面亦同，人生最亲爱者，莫如夫妇，而对手方犹不能不有分限，遑论其他。犹之下棋，我走一着，人亦走一着，设禁止人之移棋，任我独下，自属全胜，无如事实不许，禁止他人，既难做到，而人之一着，常常与我以危险，制我之死命，于是不得不放弃预定计画，与之极力周旋，以求最后之胜利。此即对手分限之说，乃人人相互间，双方行为接触所起之反应了。

　　此四种分限——再加分析，容或更有——既经明了，只受一种之限制时，已足发生困难，使数十年之工作，一旦毁坏，然人生厄运，不止如是，实际上，吾人日常生活，几无不备受四种分限之包围和压迫。因此，假使有一不知命的人，不承认分限，甚至不知分限，或不注意分限，以为无论何事，我要如何便如何，可以达到目的。此种人勇气虽然很大，动辄行其开步走的主义，一往直前，可是，设使前边有一堵墙，拦住去路，人告诉他前面有墙，墙是走不过去的，而他悍然不顾，以为没有墙，我不信墙的限制，仍然前行。有时前面本是无墙，侥幸得以穿过，然已是可一不可再的成功，今既有墙，若是墙能任意穿行，自然很好，但墙实在是不能通过的东西，于是结果，他碰了墙，碰得头破脑裂，不得不回来，回来改变方向，仍是照这样碰墙，碰了几回之后，一经躺下，比任何软弱人还软弱，再无复起的希望。因他努力自信，总想超过他的希望，不想结果失望，自然一蹶不振，这种人的勇气，不能永久保持，一遇阻碍，必生厌倦，所以不知命——不信分限，专恃莽气的人是很难成功的。

儒家知命的话，在《论语》中有很重要的一句，便是批评孔子的"知其不可为而为之"那一句。可见知其可为而为之——不知或不信分限，不是勇气；必要知其不可为而为之，才算勇气。明知山上有金矿动手去掘的人，那不算有勇；要明知不可为，而知道应该去做的人，才算伟大。这句话很可以表现孔子的全部人格，也可以作为知命与努力的注脚，"知其不可为"便是知命，"而为之"便是努力，孔子的伟大和勇气，在此可以完全看出了。我们的科学家，或是梦想他的能力可以征服自然界，能够制止地震，固不算真科学家；或是因为知遇地震无法防止，便不讲预防之法，听其自然，也非真科学家。我们的真科学家，必具有下列的精神，便是明知地震是无法控制的，也不作谬妄的大言，但也不流于消极，仍然尽心竭力去研究预防的法，能够预防多少，便是多少，不因不能控制而自馁，也不因稍一预防而自夸，这种科学家才是真科学家，如我们所需要的。他们的预料，本来只在某一限度，限度之上就应当无效或失败，但他们知道应该做这种工作，仍是勤勉地去做着，尝试复尝试，不妨其多，结果如是失败，原不出其所料，万无失望的打击，幸而一二分的成功，于是他们便喜出望外了。知命之道，如此而已。

这种一二分的成功，为何可喜呢？因为世界的成功，都是比较的，无止境的。中国爱国的人，都想把国家弄得像欧美日本一样富强，好似欧美日本便是国家的极轨一样，谁知欧美日本，也不见得便算成功，国中正有无穷的纷扰哩！犹如列子所语的愚公移山，他虽不能一手把很高的山移完，可是他的子孙能够继续着去工作，他及身虽只能见到移去一尺二尺，也是够愉快，比起来未见分毫的移动，强得多了。成功犹如万万里的长道，一人的生命能力，可不能走完，然而走到中途，也胜于终身不走的哩！所以知命者，明知成功之不可必，了解分限之不可逃，在分限圈制前提之下去努力，才是真能努力的人啊！

我们为何需要真正的努力，因为只有真正的努力，才可不厌不倦。人何以有厌倦，多因不知分限，希望过大，动遭失败，所以如此。知命的人，便无此弊。孔门学问如"学而不厌，诲人不倦""为之不厌，诲人不倦""居之无倦""请益，曰'无倦'""自强不息""不怨天不尤人"诸端。所谓不厌，不倦，不息，不怨，不尤，都是不以前途阻碍而退馁，是消极的知命。如"学而时习之，不亦悦乎？有朋自远方来，不亦乐乎？"，都是以稍有成功而自娱，是积极的努力。所以我们不只要排除尊己黜人的妄诞，也宜蠲去羡人恨己的忧伤，因这两者都于事实是无益的。我们徒见美国工人生活舒适，比中国资产阶级甚或过之，于是自怨自艾，于己之地位运动宁复有济？犹之豫湘人民，因罹兵灾，遽羡妒他省人民，又岂于事实有补？总之，生此环境，于此时期，惟有勤勉乃身，委曲求全，其他夸诞怨艾之念，均不可存的。

孔子的"发愤忘食，乐以忘忧"功夫，实在是知命和努力的一个大榜样。儒家弟子，受其感化的，代不乏人，如汉之诸葛亮，固知辅蜀讨曹之无功，然而仍以"鞠躬尽瘁，死而后已"为职志者，深明"汉贼不两立，皇室不偏安"之义，晓得应该如此做去，故不得不做，此由知命而进于努力者也。又如近代之胡林翼、曾国藩，固曾勋业彪炳，而读其遗书，则立言无不以安命为本，因二公饱经事故，阅历有得，故谆谆以安命为言，此由努力而进于知命者也。凡人能具此二者，则作事时较有把握，较能持久。其知命也，非为懒惰而知命，实因镇定而知命；其努力也，非为侥幸而努力，实为牺牲而努力。既为牺牲而努力，做事自然勇气百倍，既无厌倦，又有快乐了。所以我们要学孔子的发愤忘食，便是学他的努力；要学孔子的乐以忘忧，便是学他的知命。知命和努力，原来是不可分离，互相为用的，再没有不相容的疑惑了。知命与努力，这便是儒家的一大特色,也是中国民族一大特色,向来伟大人物,无不如此。诸君持身涉世,如能领悟此一语的意义,做到此一层功夫,可以终身受用不尽!

(1927年5月22日华北大学讲演稿。)

东南大学课毕告别辞

诸君！我在这边讲学半年，大家朝夕在一块儿相处，我很觉得快乐。并且因为我任有一定的功课，也催逼着我把这部十万余言的《先秦政治思想史》著成，不然，恐怕要等到十年或十余年之后。中间不幸身体染有小病，即今还未十分复原，我常常恐怕不能完课，如今幸得讲完了！这半年以来，听讲的诸君，无论是正式选课或是旁听，都是始终不曾旷课，可以证明诸君对于我所讲有十分兴味。今当分别，彼此实在很觉得依恋难舍。因为我们这半年来，彼此人格上的交感不少。最可惜者，因为时间短促，以致仅有片面的讲授，没有相互的讨论。所谓教学相长，未能如愿做到！今天为这回最末的一次讲演，当作与诸君告别之辞。

诸君千万不要误解，说梁某人是到这边来贩卖知识，我自计知识之能贡献于诸君者实少。知识之为物，实在是无量的广漠，谁也不能说他能给谁以绝对不易的知识，顶多，亦只承认他有相对的价值。即如讲奈端（奈端，即牛顿）罢，从前总算是众口同词的认为可靠，但是现在，安斯坦（安斯坦，即爱因斯坦）又几乎完全将他推倒。专门的知识，尚且如此，何况像我这种泛滥杂博的人并没有一种专门名家的学问呢？所以切盼诸君，不要说我有一艺之长，讲的话便句句可靠。最多，我想，亦只叫诸君知道我自己做学问的方法。譬如诸君看书，平素或多忽略不经意的地方，必要寻着这个做学问的方法，乃能事半功倍。真正做学问，乃是找着方法去自求，不是仅看人家研究所得的结果。因为人家研究所得的结果，终是人家的，况且所得的，也未必都对。讲到此处，我有一个笑话告诉诸君：记得在某一本小说里，说："吕纯阳下山觅人传道，又不晓得谁是可传，他就设法来试验。有一次，在某地方，遇着一个人，吕纯阳登时将手一指，点石成金，就问那个人要否，那人只摇着头，说不要。吕纯阳再点一块大的试他，那人仍是不为所动。吕纯阳心里便十分欢喜，以为道有可传的人了；但是还恐怕靠不住，再以更大的金块试他，那人果然仍是不要。吕纯阳便问他不要的原因，满心承望他答复一个热心向道。那晓得那人不然！他说：我不要你点成了的金块，我是要你那点金的指头，因为有了这指头，便可以自由点用。"这虽是个笑话，但却很有意思，所以很盼诸君，要得着这个点石成金的指头——做学问的方法——那么，以后才可以自由探讨，并可以辨正师傅的是否。教拳术的教师最少要希望徒弟能与他对敌，学者亦当悬此为鹄，最好是要青出于蓝而胜于蓝。若仅仅是看前人研究所得，而不自行探讨，那么，得一便不能知其二。且取法乎上，得仅在中，这样，学术岂不是要一天退化一天吗？人类知识进步，乃是要后人超过前人。后人应用前人的治学方法，而复从旧方法中，开发出新方法来。方法一天一天的增多，便一天一天的改善。拿着改善的新方法去治学，自然会优于前代。我个人的治学方法，或可以说是不错，我自己应用来也有些成效。可惜这次全部书中所说的，仍为知识的居多，还未谈做学问的方法。倘若诸君细心去看，也可以寻找得出来。既经找出，再循着这方法做去，或者更能发现我的错误，或是来批评我，那就是我最欢喜的。

  我今天演讲，不是关于知识方面的问题。诚然，知识在人生地位上，也是非常紧要，我从来并未将它看轻。不过，若是偏重知识，而轻忽其他人生重要之部，也是不行的。现在中国的学校，简直可说是贩卖知识的杂货店，文哲工商，各有经理一般。来求学的，也完全以顾客自命。固然欧美也同坐此病，不过病的深浅，略有不同。我以为长此以往，一定会发生不好的现象。中国现今政治上的窳败，何尝不是前二十年教育不良的结果？盖二十年前的教育，全采用日德的军队式，并且仅能袭取皮毛，以至造成今日一般无自动能力的人！现在哩，教育是完全换了路了，美国式代日式德式而兴，不出数年，我敢说是全部要变成美国化，或许我们这里——东南大学——就是推行美化的大本营。美国式的教育，诚然是比德国式日本式的好，但是毛病还很多，不是我们理想之鹄。英人罗素回国后，颇艳称中国的文化，发表的文字很多，他非常盼望我们这占全人类四分之一的特殊民族，不要变成了美国的"丑化"。这一点可说是他看得很清楚。美国人切实敏捷，诚然是他们的长处；但是中国人即使全部将他移植过来，使纯粹变成了一个东方的美国，漫讲没有这种可能，即能，我不知道诸君怎样，我是不愿的。因为倘若果然如此，那真是罗素所说的，把这有特质的民族，变成了丑化了。我们看得很清楚，今后的世界，决非美国式的教育所能域领。现在多数美国的青年，而且是好的青年，所作何事？不过是一生到死，急急忙忙的，不任一件事放过：忙进学校，忙上课，忙考试，忙升学，忙毕业，忙得文凭，忙谋事，忙花钱，忙快乐，忙恋爱，忙结婚，忙养儿女，最后一忙——忙死。他们的少数学者，如詹姆士之流，固然总想为他们别开生面，但是大部分已经是积重难返。像在这种人生观底下过活，那么，千千万万人，前脚接后脚的来这世界上走一趟，住几十年，干些什么哩？唯一无二的目的，岂不是来做消耗面包的机器吗？或是怕那宇宙间的物质运动的大轮子，缺了发动力，特自来供给他燃料？果真这样，人生还有一毫意味吗？人类还有一毫价值吗？现在全世界的青年，都因此无限的凄惶失望，知识愈多，沉闷愈苦。中国的青年，尤为利害。因为政治社会不安宁，家国之累，较他人为甚。环顾宇内，精神无可寄托。从前西人唯一维系内心之具，厥为基督教。但是科学昌明后，第一个致命伤，便是宗教。从前在苦无可诉的时候，还得远远望着冥冥的天堂。现在呢，知道了，人类不是什么上帝创造，天堂更渺不可凭，这种宗教的麻醉剂，已是无法存在。讲到哲学吗，西方的哲人，素来只是高谈玄妙，不得真际，所足恃为人类安身立命之具，也是没有。再如讲到文学吗，似乎应该少可藉慰；但是欧美现代的文学，完全是刺激品，不过叫人稍醒麻木。但一切耳目口鼻所接，都足陷人于疲敝，刺激一次，疲麻的程度又增加一次。如吃辣椒然，浸假而使舌端麻木到极点，势非取用极辣的胡椒来刺激不可。这种刺激的功用，简直如有烟癖的人。虽精神或可暂时振起，但是这种精神，是预支将来的精神。所以说一次预支，一回减少，一番刺激，一度疲麻。现在他们的文学，只有短篇的最合胃口。小诗两句或三句，戏剧要独幕的好。至于荷马、但丁，屈原、宋玉，那种长篇的作品，可说是不曾理会。因为他们碌碌于舟车中，时间来不及，目的只不过取那种片时的刺激，大大小小，都陷于这种病的状态中，所以他们一般有先见的人，都在惶惶求所以疗治之法。我们把这看了，那么，虽说我们在学校应求西学，而取舍自当有择。若是不问好歹，必无条件的移植过来，岂非人家饮鸩，你也随着服毒，可怜可笑孰甚！

近来国中青年界很习闻的一句话，就是"知识饥荒"，却不晓得还有一个顶要紧的"精神饥荒"在那边。中国这种饥荒，都闹到极点。但是只要我们知道饥荒所在，自可想方法来补救。现在精神饥荒，闹到如此，而人多不自知，岂非危险！一般教导者，也不注意在这方面提倡，只天天设法怎样将知识去装青年的脑袋子。不知道精神生活完全，而后多的知识才是有用。苟无精神生活的人，为社会计，为个人计，都是知识少装一点为好。因为无精神生活的人，知识愈多，痛苦愈甚，作歹事的本领也增多。例如黄包车夫，知识粗浅，他决没有有知识的青年这样的烦闷，并且做恶的机会也很少。大奸慝的卖国贼，都是知识阶级的人做的。由此可见没有精神生活的人，有知识实在危险。盖人苟无安身立命之具，生活便无所指归，生理心理，并呈病态。试略分别言之：就生理言，阳刚者必至发狂自杀，阴柔者自委靡沉溺。再就心理言，阳刚者便悍然无顾，充分的恣求物质上的享乐。然而欲望与物质的增加率，相竞腾升，故虽有妻妾宫室之奉，仍不觉得快乐。阴柔者便日趋消极，成了一个竞争场上落伍的人，凄惶失望，更为痛苦。故谓精神生活不全，为社会，为个人，都是知识少点的为好。因此我可以说为学的首要，是救精神饥荒。

救济精神饥荒的方法，我认为东方的——中国与印度——比较最好。东方的学问，以精神为出发点；西方的学问，以物质为出发点。救知识饥荒，在西方找材料；救精神饥荒，在东方找材料。东方的人生观，无论中国印度，皆认物质生活为第二位；第一，就是精神生活。物质生活，仅视为补助精神生活的一种工具，求能保持肉体生存为已足；最要，在求精神生活的绝对自由。精神生活，贵能对物质界宣告独立；至少，要不受其牵掣。如吃珍味，全是献媚于舌，并非精神上的需要。劳苦许久，仅为一寸软肉的奴隶，此即精神不自由。以身体全部论，吃面包亦何尝不可以饱？甘为肉体的奴隶，即精神为所束缚。必能不承认舌——一寸软肉为我，方为精神独立。东方的学问道德，几全部是教人如何方能将精神生活对客观的物质或己身的肉体宣告独立。佛家所谓解脱，近日所谓解放，亦即此意。客观物质的解放尚易，最难的为自身——耳目口鼻……的解放。西方言解放，尚不及此，所以就东方先哲的眼光看去，可以说是浅薄的，不彻底的。东方的主要精神，即精神生活的绝对自由。

求精神生活绝对自由的方法，中国印度不同。印度有大乘小乘不同，中国有儒墨道各家不同。就讲儒家，又有孟荀朱陆的不同。任各人性质机缘之异，而各择一条路走去。所以具体的方法，很难讲出。且我用的方法，也未见真是对的，更不能强诸君从同。但我自觉烦闷时少，自二十余岁到现在，不敢说精神已解脱，然所以烦闷少，也是靠此一条路，以为精神上的安慰。至于先哲教人救济精神饥荒的方法，约有两条：

（一）裁抑物质生活，使不得猖獗，然后保持精神生活的圆满。如先平盗贼，然后组织强固的政府。印度小乘教，即用此法。中国墨家、道家的大部，以及儒家程朱，皆是如此。以程朱为例：他们说的持敬制欲，注重在应事接物上裁抑物质生活，以求达精神自由的境域。

（二）先立高尚美满的人生观，自己认清楚将精神生活确定，靠其势力以压抑物质生活。如此，不必细心检点，用拘谨功夫，自能达到精神生活绝对自由的目的。此法可为积极的，即孟子说："先立乎其大者，则其小者不能夺也。"不主张一件一件去对付。且不必如此，先组织强固的政府，则地方自安。即有小丑跳梁，不必去管，自会消灭，如雪花飞近大火，早已自化了。此法佛家大乘教，儒家孟子陆王皆用之。所谓"浩然之气"，即是此意。

以上二法，我不过介绍与诸君，并非主张诸君一定要取某种方法。两种方法虽异，而认清精神要解脱这一点却同。不过说青年时代应用的，现代所适用的，我以为采积极的方法较好。就是先立定美满的人生观，然后应用之以处世。至于如何的人生观方为美满，我却不敢说。因为我的人生观，未见得真是对的；恐怕能认清最美满的人生观，只有孔子、释迦牟尼有此功夫。我现在将我的人生观讲一讲，对不对，好不好，另为一问题。

我自己的人生观，可以说是从佛经及儒书中领略得来。我确信儒家佛家有两大相同点：

（一）宇宙是不圆满的，正在创造之中，待人类去努力，所以天天流动不息，常为缺陷，常为未济。若是先已造成——既济的，那就死了，固定了，正因其在创造中，乃如儿童时代,生理上时时变化。这种变化,即人类之努力。除人类活动以外,无所谓宇宙。现在的宇宙,离光明处还远,不过走一步比前好一步。想立刻圆满,不会有的。最好的境域——天堂、大同、极乐世界——不知在几千万年之后,决非我们几十年生命所能做到的。能了解此理,则做事自觉快慰。以前为个人为社会做事,不成功或做坏了,常感烦闷。明乎此,知做事不成功,是不足忧的。世界离光明尚远,在人类努力中,或偶有退步,不过是一现相。譬如登山,虽有时下,但以全部看仍是向上走。青年人烦闷,多因希望太过。知政治之不良,以为经一次改革,即行完满,及屡试而仍有缺陷,于是不免失望。不知宇宙的缺陷正多,岂是一步可升天的?失望之因,即根据于奢望过甚。《易经》说:"乐则行之,忧则违之,确乎其不可拔!"此言甚精采。人要能如此看,方知人生不能不活动。而有活动,却不必往结果处想,最要不可有奢望。我相信孔子即是此人生观,所以"发愤忘食,乐以忘忧,不知老之将至"。他又说:"智者乐水,仁者乐山,智者动,仁者静,智者乐,仁者寿。"天天快活,无一点烦闷气象。这是一件最重要的事。

(二)人不能单独存在,说世界上那一部分是我,很不对的。所以孔子"毋我",佛家亦主张"无我"。所谓无我,并不是将固有的我压下或抛弃,乃根本就找不出我来。如说几十斤的肉体是我,那么,科学发明,证明我身体上的原质,也在诸君身上,也在树身上。如说精神的某部分是我,我敢说今天我讲演，我已跑入诸君精神里去了。常住学校中许多精神，变为我的一部分。读孔子的书及佛经，孔佛的精神，又有许多变为我的一部分。再就社会方面说，我与我的父母妻子，究竟有若干区别？许多人——不必尽是纯孝——看父母比自己还重要，此即我父母将我身之我压小。又如夫妇之爱，有妻视其夫，或夫视其妻，比己身更重的。然而何为我呢？男子为我，抑女子为我？实不易分。故彻底认清我之界限，是不可能的事。（此理佛家讲得最精，惜不能多说。）世界上本无我之存在，能体会此意，则自己做事，成败得失，根本没有。佛说："有一众生不成佛，我不成佛！""我不入地狱，谁入地狱？"至理名言，洞若观火。孔子也说："诚者非但诚己而已也。……"将为我的私心扫除，即将许多无谓的计较扫除。如此，可以做到"仁者不忧"的境域。有忧时，就是"先天下之忧而忧"。为人类——如父母、妻子、朋友、国家、世界——而痛苦，免除私忧，即所以免烦恼。

我认东方宇宙未济人类无我之说，并非论理学的认识，实在如此。我用功虽少，但时时能看清此点，此即我的信仰。我常觉快乐，悲愁不足扰我，即此信仰之光明所照。我现已年老，而趣味淋漓，精神不衰，亦靠此人生观。至于我的人生观，对不对，好不好，或与诸君的病合不合，都是另外一问题。我在此讲学，并非对于诸君有知识上的贡献。有呢，就在这一点。好不好，我自己也不知道。不过诸君要知道自己的精神饥荒,要找方法医治。我吃此药,觉得有效,因此贡献诸君采择。世界的将来,要靠诸君努力!

(1923年1月13日东南大学讲演稿,李竞芳、王觉新笔记。原载《时事新艮》1923年1月20日。)

教育家的自家田地

今天在座诸君，多半是现在的教育家或是将来要在教育界立身的人，我想把教育这门职业的特别好处和怎样的自己受用法，向诸君说说。所以题目叫做"教育家的自家田地"。

孔子屡次自白，说自己没有别的过人之处，不过是"学而不厌，诲人不倦"。他的门生公西华听了这两句话便赞叹道："正惟弟子不能及也。"我们从小就读这章书，都以为两句平淡无奇的话，何以见得便是一般人所不能及呢？我年来积些经验，把这章书越读越有味，觉得学不难，不厌却难；诲人不难，不倦却难。孔子特别过人处和他一生受用处，的确就在这两句话。

不厌不倦，是孔子人生哲学第一要件。"子路问政，……请益，子曰：毋倦。""子张问政，子曰：居之无倦，行之以忠。"《易经》第一个卦孔子做的象辞说："天行健，君子以自强不息。"你看他只是教人对于自己的职业忠实做去，不要厌倦。要像天体运行一般，片刻不停。为什么如此说呢？因为依孔子的观察，生命即是活动，活动即是生命，活动停止，便是生命停止。然而活动要有原动力——像机器里头的蒸汽，人类活动的蒸汽在那里呢，全在各人自己心理作用——对于自己所活动的对境感觉趣味，用积极的话语来表他，便是"乐"，用消极的话语来表他，便是"不厌不倦"。

厌倦是人生第一件罪恶，也是人生第一件苦痛。厌倦是一种想脱离活动的心理现象，换一句话说，就是不愿意劳作。你想，一个人不是上帝特制出来充当消化面包的机器，可以一天不劳作吗？只要稍为动一动不愿意劳作的念头，便是万恶渊薮，一面劳作，一面不愿意，拿孔子的话翻过来说："居之倦则行之必不能以忠。"不忠实的劳作，不惟消失了劳作效率，而且可以生出无穷弊害，所以说厌倦是人生第一件罪恶。换个方面看，无论何等人，总要靠劳作来维持自己生命，任凭你怎样的不愿意，劳作到底免不掉。免是免不掉，愿是不愿意，天天皱着眉哭着脸去做那不愿做的苦工，岂不是活活的把自己关在第十八层地狱？所以说厌倦是人生第一件苦痛。

诸君听我这番话，谅来都承认不厌倦是做人第一要件了。但怎样才能做到呢？厌倦是一种心理现象，然而心理却最是不可捉摸的东西。天天自己劝自己说不要厌呀，不要倦呀，他真是厌倦起来，连自己也没有法想。根本救治法，要从自己劳作中看出快乐——看得像雪一般亮，信得像铁一般坚。那么，自然会兴会淋漓的劳作去，停一会都受不得，那里还会厌倦？再拿孔子的话来说："知之者不如好之者，好之者不如乐之者。"一个人对于自己劳作的对境，能够"好之乐之"，自然会把厌倦根子永断了，从劳作中得着快乐，这种快乐，别人要帮也帮不来，要抢也抢不去，我起他一个名叫做"自己田地"。

无论做何种职业的人，都各各有他的自己田地，但要问那一块田地最广最大最丰富，我想再没有能比得上教育家的了。教育家日日做的终身做的不外两件事，一是学，二是诲人。学是自利，诲人是利他。人生活动目的，除却自利利他两项外更有何事？然而操别的职业的人，往往这两件事当场冲突——利得他人便不利自己，利得自己便不利他人。就令不冲突，然而一种活动同时具备这两方面效率者，实在不多。教育这门职业却不然，一面诲人，一面便是学；一面学，一面便拿来诲人，两件事并作一件做，形成一种自利利他不可分的活动。对于人生目的之实现，再没有比这种职业更为接近更为直捷的了。

学是多么快活啊！小孩子初初学会走，他那一种得意神情，真是不可以言语形容。我们当学生时代——不问小学到大学，每天总新懂得些从前不懂的道理，总新学会做些从前不会做的事，便觉得自己生命内容日日扩大，天下再愉快的事没有了。出到社会做事之后，论理，人人都有求智识的欲望，谁亦不愿意继续学些新学问？无奈所操职业，或者与学问性质不相容，只好为别的事情把这部分欲望牺牲掉了。这种境况，别人不知如何，单就我自己讲，也曾经过许多回，每回都觉得无限苦痛。人类生理心理的本能，凡那部分久废不用，自然会渐趋麻木。许久不做学问的人，把学问的胃口弄弱了，便许多智识界的美味在前也吃不进去，人生幸福，算是剥夺了一大半。教育家呢，他那职业的性质，本来是拿学问做本钱，他赚来的利钱也都是学问。他日日立于不能不做学问的地位，把好学的本能充分刺激。他每日所劳作的工夫，件件都反映到学问，所以他的学问只有往前进，没有往后退。试看，古今中外学术上的发明，一百件中至少有九十件成于教育家之手！为什么呢？因为学问就是他的本业。诸君啊！须知发明无分大小，发明地球绕日原理固算发明，发明一种教小孩子游戏方法也算发明。教育家日日把他所做的学问传授给别人，当其传授时候，日日积有新经验。我信得过，只要肯用心，发明总是不断。试想，自己发明一种新事理，这个快活还了得，恐怕真是古人说的"南面王无以易"哩！就令暂时没有发明，然而能够日日与学问相亲，吸受新知来营养自己智识的食胃，也是人生最幸福的生活。这种生活，除了教育家恐咱没有充分享受的机会吧。

诲人又是多么快活啊！自己手种一丛花卉，看着他发芽，看着他长叶，看着他含蕾，看着他开花，天天生态不同，多加一分培养工夫，便立刻有一分效验呈现。教学生正是这样，学生变化的可能性极大，你想教他怎么样，自然会怎么样，只要指一条路给他，他自然会往前跑。他跑的速率，常常出你意外。他们天真烂漫，你有多少情分到他，他自然有多少情分到你,只有加多,断无减少——有人说,学校里常常闹风潮赶教习,学生们真是难缠。我说,教习要闹到被学生赶,当然只有教习的错处没有学生的错处。总是教习先行失了信用,或是品行可议,或是对学生不亲切,或是学问交代不下,不然断没有被赶之理。因为凡学生都迷信自己的先生,算是人类通性,先生把被迷信的资格丧掉,全由自取,不能责备学生。——教学生是只有赚钱不会蚀本的买卖。做官吗,做生意吗,自己一厢情愿要得如何如何的结果,多半不能得到,有时还和自己所打的算盘走个正反对。教学生绝对不至有这种事,只有所得结果超过你原来的希望。别的事业,拿东西给了人便成了自己的损失;教学生绝不含有这种性质,正是老子说的:"既以为人己愈有,既以与人己愈多。"越发把东西给人给得多,自己得的好处越发大,这种便宜勾当,算是被教育家占尽了。

自古相传的一句通行话:"人生行乐耳。"这句话倘若解释错了应用错了,固然会生出许多毛病,但这句话的本质并没有错,而且含有绝对的真理。试问人生不该以快乐为目的,难道该以苦痛为目的吗?但什么叫做"快乐",不能不加以说明。第一,要继续的快乐。若每日挨许多时候苦才得一会的乐,便不算继续。第二,要彻底的快乐。若现在快乐伏下将来苦痛根子,便不算彻底。第三,要圆满的快乐。若拿别人的苦痛来换自己的快乐,便不算圆满。教育家特别便宜处,第一,快乐就藏在职业的本身,不必等到做完职业之后找别的事消遣才有快乐，所以能继续。第二，这种快乐任凭你尽量享用不会生出后患，所以能彻底。第三，拿被教育人的快乐来助成自己的快乐，所以能圆满。乐哉教育！乐哉教育！

东边邻舍张老三，前年去当兵，去年做旅长，今年做师长，买了几多座洋房，讨了几多位姨太太。西边邻舍李老四，前年去做议员，去年做次长，今年做总长，天天燕窝鱼翅请客，出门一步都坐汽车。我们当教育家的，中学吗，百来块钱薪水，小学呢，十来二十块，每天上堂要上几点钟，讲得不好还要挨骂，回家来吃饭只能吃个半饱。苦哉教育！苦哉教育！不错，从物质生活看来，他们真是乐，我们真是苦了。但我们要想一想，人类生活，只有物质方面完事吗？燕窝鱼翅，或者真比粗茶淡饭好吃，吃的时候果然也快活，但快活的不是我，是我的舌头。我操多少心弄把戏，还带着将来担惊受怕，来替这两寸来大的舌头当奴才，换他一两秒钟的快活，值得吗？绫罗绸缎挂在我身上，和粗布破袍有什么分别？不过旁人看着漂亮些，这是图我快活呀，还是图旁人快活？须知凡物质上快活，性质都是如此，这种快活，其实和自己渺不相干，自己只有赔上许多苦恼，我们真相信"行乐主义"的人，就要求精神上的快活。孔子的"饭疏食，饮水，曲肱而枕之，乐亦在其中"，颜子的"一箪食，一瓢饮，在陋巷……不改其乐"，并非骗人的话，也并不带一毫勉强，他们住在"教育快活林"里头，精神上正在高兴到了不得。那些舌头和旁人眼睛的顽意儿，他们有闲工夫管到吗？诸君啊！这个快活林正是你自己所有的财产，千万别要辜负了。

说是这样说，但是"知之非艰行之惟艰"。厌倦的心理，仍不时袭击我们，抵抗不过，便被它征服。不然，何至公西华说"不能及"呢？我如今再告诉诸君一个切实防卫方法。你想诲人不倦吗？只要学不厌，自然会诲人不倦。一点新学说都不讲求，拿着几年前商务印书馆编的教科书上堂背诵一遍完事，今日如此，明日如此，今年如此，明年也如此，学生们听着个个打盹，先生如何能不倦？当先生的常常拿"和学生赛跑"的精神去做学问，教那一门功课，教一回自己务要得一回进步，天天有新教材，年年有新教法，怎么还会倦？你想学不厌吗？只要诲人不倦，自然会学不厌。把功课当作无可奈何的敷衍，学生听着有没有趣味有没有长进一概不管，那么当然可以不消自己更求什么学问。既已把诲人当作一件正经事，拿出良心去干，那么，古人说的"教然后知困"，一定会发见出自己十几年前在师范学校里听的几本陈腐讲义不够用，非拼命求新学问，对付不来了，怎么还会厌？还有一个更简便的法子，只要你日日学，自然不厌，只要你日日诲人，自然不倦。趣味这样东西，总是愈引愈深。最怕是尝不着甜头，尝着了一定不能自已。像我们不会打球的人，看见学生们大热天打得满身臭汗，真不知道他所为何来。只要你接连打了一个月，怕你不上瘾？所以真肯学的人自然不厌，真肯诲人的人自然不倦。这又可以把孔子的话颠倒过来说，总要"行之以忠"，当然会"居之无倦"了。

诸君都是有大好田地的人，我希望再不要"舍其田而芸人之田"。好好的将自己田地打理出来，便一生受用不尽。

（1922年8月5日东南大学讲演稿。原载《梁任公学术讲演集》，商务印书馆1922年版。）

人生目的不是单调的，

美也不是单调的。

为爱美而爱美，

也可以说为的是人生目的。

因为爱美本来是人生目的的一部分。

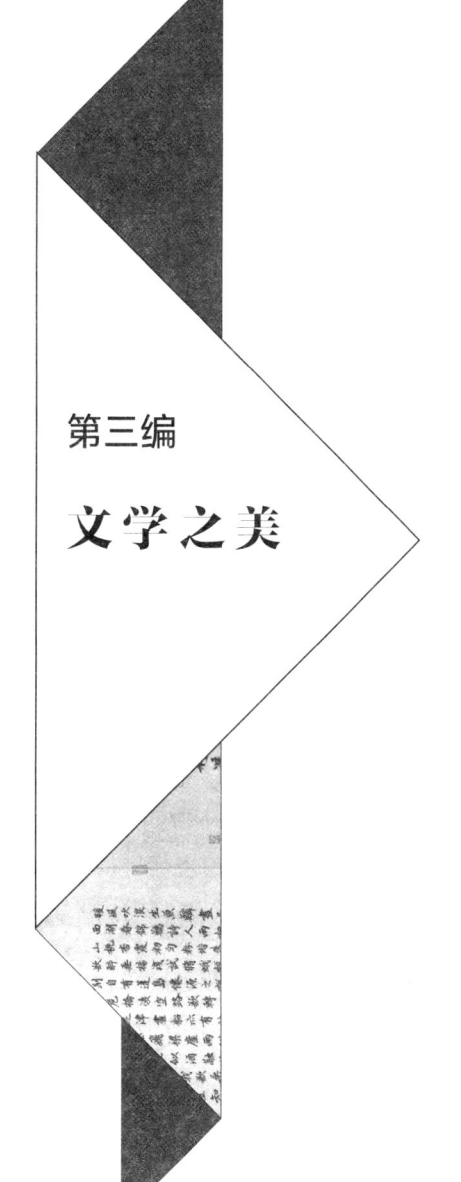

第三编
文学之美

情圣杜甫

一

今日承诗学研究会嘱托讲演,可惜我文学素养很浅薄,不能有甚么新贡献,只好把咱们家里老古董搬出来和诸君摩挲一番,题目是"情圣杜甫"。在讲演本题以前,有两段话应该简单说明:

第一,新事物固然可爱,老古董也不可轻轻抹杀。内中艺术的古董,尤为有特殊价值。因为艺术是情感的表现,情感是不受进化法则支配的。不能说现代人的情感一定比古人优美,所以不能说现代人的艺术一定比古人进步。

第二,用文字表出来的艺术——如诗词、歌剧、小说等类,多少总含有几分国民的性质。因为现在人类语言未能统一,无论何国的作家,总须用本国语言文字做工具。这副工具操练得不纯熟,纵然有很丰富高妙的思想,也不能成为艺术的表现。

我根据这两种理由,希望现代研究文学的青年,对于本国二千年来的名家作品,着实费一番工夫去赏会他。那么,杜工部自然是首屈一指的人物了。

二

杜工部被后人上他徽号叫做"诗圣"。诗怎么样才算"圣"?标准很难确定,我们也不必轻轻附和。我以为工部最少可以当得起情圣的徽号。因为他的情感的内容,是极丰富的,极真实的,极深刻的。他表情的方法又极熟练,能鞭辟到最深处,能将他全部完全反映不走样子,能像电气一般一振一荡的打到别人的心弦上。中国文学界写情圣手,没有人比得上他,所以我叫他做情圣。

我们研究杜工部,先要把他所生的时代和他一生经历略叙梗概,看出他整个的人格。两晋六朝几百年间,可以说是中国民族混成时代。中原被异族侵入,搀杂许多新民族的血。江南则因中原旧家次第迁渡,把原住民的文化提高了。当时文艺上南北派的痕迹显然,北派真率悲壮,南派整齐柔婉。在古乐府里头,最可以看出这分野。唐朝民族化合作用,经过完成了,政治上统一,影响及于文艺,自然会把两派特性合冶一炉,形成大民族的新美。初唐是黎明时代,盛唐正是成熟时代。内中玄宗开元间四十年太平,正孕育出中国艺术史上黄金时代。到天宝之乱，黄金忽变为黑灰。时事变迁之剧，未有其比。当时蕴蓄深厚的文学界，受了这种激刺，益发波澜壮阔。杜工部正是这个时代的骄儿。他是河南人，生当玄宗开元之初。早年漫游四方，大河以北都有他足迹，同时大文学家李太白、高达夫都是他的挚友。中年值安禄山之乱，从贼中逃出，跑到甘肃的灵武谒见肃宗，补了个"拾遗"的官。不久告假回家，又碰着饥荒，在陕西的同谷县几乎饿死。后来流落到四川，依一位故人严武。严武死后，四川又乱，他避难到湖南，在路上死了。他有两位兄弟、一位妹子，都因乱离难得见面。他和他的夫人也常常隔离，他一个小儿子，因饥荒饿死，两个大儿子，晚年跟着他在四川。他一生简单的经历大略如此。

他是一位极热肠的人，又是一位极有脾气的人。从小便心高气傲，不肯趋承人。他的诗道：

以兹悟生理，独耻事干谒。（《奉先咏怀》）

又说：

白鸥没浩荡，万里谁能驯。（《赠韦左丞》）

可以见他的气概。严武做四川节度，他当无家可归的时候去投奔他，然而一点不肯趋承将就。相传有好几回冲撞严武，

几乎严武容他不下哩。他集中有一首诗,可以当他人格的象征:

> 绝代有佳人,幽居在空谷。自言良家子,零落依草木。……在山泉水清,出山泉水浊。侍婢卖珠回,牵萝补茅屋。摘花不插鬓,采柏动盈掬。天寒翠袖薄,日暮倚修竹。(《佳人》)

这位佳人,身分是非常名贵的,境遇是非常可怜的,情绪是非常温厚的,性格是非常高抗的。这便是他本人自己的写照。

三

他是个最富于同情心的人。他有两句诗:

> 穷年忧黎元,叹息肠内热。(《奉先咏怀》)

这不是瞎吹的话,在他的作品中,到处可以证明。这首诗底下便有两段说:

> 彤庭所分帛,本自寒女出。鞭挞其夫家,聚敛贡城阙。(同上)

又说:

况闻内金盘,尽在卫霍室。中堂舞神仙,烟雾散玉质。暖客貂鼠裘,悲管逐清瑟。劝客驼蹄羹,霜橙压香橘。朱门酒肉臭,路有冻死骨。……(同上)

他做这诗的时候,正是唐朝黄金时代,全国人正在被镜里雾里的太平景象醉倒了。这种景象映到他的眼中,却有无限悲哀。

他的眼光,常常注视到社会最下层。这一层的可怜人那些状况,别人看不出,他都看出;他们的情绪,别人传不出,他都传出。他著名的作品"三吏三别",便是那时代社会状况最真实的影戏片。《垂老别》的:

老妻卧路啼,岁暮衣裳单。孰知是死别,且复伤其寒。此去必不归,还闻劝加餐。

《新安吏》的:

肥男有母送,瘦男独伶俜。白水暮东流,青山犹哭声。莫自使眼枯,收汝泪纵横。眼枯即见骨,天地终无情。

《石壕吏》的：

> 三男邺城戍。一男附书至，二男新战死。存者且偷生，死者长已矣。

这些诗是要作者的精神和那所写之人的精神并合为一，才能做出。他所写的是否他亲闻亲见的事实，抑或他脑中创造的影像，且不管他。总之他做这首《垂老别》时，他已经化身做那位六七十岁拖去当兵的老头子；做这首《石壕吏》时，他已经化身做那位儿女死绝衣食不给的老太婆。所以他说的话，完全和他们自己说一样。

他还有《又呈吴郎》一首七律，那上半首是：

> 堂前扑枣任西邻，无食无儿一妇人。不为家贫宁有此，只缘恐惧转须亲。……

这首诗，以诗论，并没什么好处，但叙当时一件琐碎实事——一位很可怜的邻舍妇人偷他的枣子吃，因那人的惶恐，把作者的同情心引起了。这也是他注意下层社会的证据。

有一首《缚鸡行》，表出他对于生物的泛爱，而且很含些哲理：

小奴缚鸡向市卖，鸡被缚急相喧争。家人厌鸡食虫蚁，未知鸡卖还遭烹。虫鸡于人何厚薄，吾叱奴人解其缚。鸡虫得失无了时，注目寒江倚山阁。

有一首《茅屋为秋风所破歌》，结尾几句说道：

……安得广厦千万间，大庇天下寒士俱欢颜。风雨不动安如山。呜呼！何时眼前突兀见此屋，吾庐独破受冻死亦足。

有人批评他是名士说大话。但据我看来，此老确有这种胸襟。因为他对于下层社会的痛苦看得真切，所以常把他们的痛苦当作自己的痛苦。

四

他对于一般人如此多情，对于自己有关系的人更不待说了。我们试看他对朋友，那位因陷贼贬做台州司户的郑虔，他有诗送他道：

……便与先生应永诀，九重泉路尽交期。

又有诗怀他道：

天台隔三江，风浪无晨暮。郑公纵得归，老病不识路。……（《有怀台州郑十八司户》）

那位因附永王璘造反长流夜郎的李白，他有诗梦他道：

死别已吞声，生别常恻恻。江南瘴疠地，逐客无消息。故人入我梦，明我长相忆。恐非平生魂，路远不可测。魂来枫林青，魂返关塞黑。君今在罗网，何以有羽翼。落月满屋梁，犹疑照颜色。水深波浪阔，毋使蛟龙得。（《梦李白》二首之一）

这些诗不是寻常应酬话，他实在拿郑、李等人当一个朋友，对于他们的境遇，所感痛苦和自己亲受一样，所以作出来的诗句句都带血带泪。

他集中想念他兄弟和妹子的诗，前后有二十来首，处处至性流露。最沉痛的如《同谷七歌》中：

有弟有弟在远方，三人各瘦何人强。生别展转不相见，胡尘暗天道路长。前飞鴐鹅后鹙鸧，安得送我置汝旁。呜呼！三歌兮歌三发，汝归何处收兄骨。

有妹有妹在钟离,良人早没诸孤痴。长淮浪高蛟龙怒,十年不见来何时。扁舟欲往箭满眼,杳杳南国多旌旗。呜呼!四歌兮歌四奏,林猿为我啼清昼。

他自己直系的小家庭,光景是很困苦的,爱情却是很秾挚的。他早年有一首思家诗:

今夜鄜州月,闺中只独看。遥怜小儿女,未解忆长安。香雾云鬟湿,清辉玉臂寒。何时倚虚幌,双照泪痕干。(《月夜》)

这种缘情旖旎之作,在集中很少见,但这一首已可证明工部是一位温柔细腻的人。他到中年以后,遭值多难,家属离合,经过不少的酸苦。乱前他回家一次,小的儿子饿死了。他的诗道:

……老妻寄异县,十口隔风雪。谁能久不顾,庶往共饥渴。入门闻号咷,幼子饿已卒。吾宁舍一哀,里巷亦呜咽。所愧为人父,无食致夭折。……(《奉先咏怀》)

乱后和家族隔绝,有一首诗:

去年潼关破，妻子隔绝久。……自寄一封书，今已十月后。反畏消息来，寸心亦何有。……（《述怀》）

其后从贼中逃归，得和家族团聚。他有好几首诗写那时候的光景，《羌村》三首中的第一首：

峥嵘赤云西，日脚下平地。柴门鸟雀噪，归客千里至。妻孥怪我在，惊定还拭泪。世乱遭飘荡，生还偶然遂。邻人满墙头，感叹亦歔欷。夜阑更秉烛，相对如梦寐。

《北征》里头的一段：

况我堕胡尘，及归尽华发。经年至茅屋，妻子衣百结。恸哭松声回，悲泉共鸣咽。平生所娇儿，颜色白胜雪。见耶背面啼，垢腻脚不袜。床前两小女，补绽才过膝。海图坼波涛，旧绣移曲折。天吴及紫凤，颠倒在裋褐。老夫情怀恶，呕咽卧数日。那无囊中帛，救汝寒凛慄。粉黛亦解苞，衾裯稍罗列。瘦妻面复光，痴女头自栉。学母无不为，晓妆随手抹。移时施朱铅，狼藉画眉阔。生还对童稚，似欲忘饥渴。问事竞挽须，谁能即嗔喝。翻思在贼愁，甘受杂乱聒。

其后挈眷避乱，路上很苦。他有诗追叙那时情况道：

忆昔避贼初，北走经险艰。夜深彭衙道，月照白水山。尽室久徒步，逢人多厚颜。……痴女饥咬我，啼畏虎狼闻。怀中掩其口，反侧声愈嗔。小儿强解事，故索苦李餐。一旬半雷雨，泥泞相牵攀。……（《彭衙行》）

他合家避乱到同谷县山中，又遇着饥荒，靠草根木皮活命，在他困苦的全生涯中，当以这时候为最甚。他的诗说：

长镵长镵白木柄，我生托子以为命。黄独无苗山雪盛，短衣数挽不掩胫。此时与子空归来，男呻女吟四壁静。……（《同谷七歌》之二）

以上所举各诗写他自己家庭状况，我替他起个名字叫做"半写实派"。他处处把自己主观的情感暴露，原不算写实派的作法。但如《羌村》《北征》等篇，多用第三者客观的资格，描写所观察得来的环境和别人情感，从极琐碎的断片详密刻画，确是近世写实派用的方法，所以可叫做半写实。这种作法，在中国文学界上，虽不敢说是杜工部首创，却可以说是杜工部用得最多而最妙。从前古乐府里头，虽然有些，但不如工部之描写入微。这类诗的好处，在真事愈写得详，真情愈发得透。我们熟读他,可以理会得"真即是美"的道理。

五

杜工部的"忠君爱国",前人恭维他的很多,不用我再添话。他集中对于时事痛哭流涕的作品,差不多占四分之一,若把他分类研究起来,不惟在文学上有价值,而且在史料上有绝大价值。为时间所限,恕我不征引了。内中价值最大者,在能确实描写出社会状况,及能确实讴吟出时代心理。刚才举出半写实派的几首诗,是集中最通用的作法,此外还有许多是纯写实的。试举他几首:

> 献凯日继踵,两蕃静无虞。渔阳豪侠地,击鼓吹笙竽。云帆转辽海,粳稻来东吴。越裳与楚练,照耀舆台躯。主将位益崇,气骄凌上都。边人不敢议,议者死路衢。(《后出塞》五首之四)

读这些诗,令人立刻联想到现在军阀的豪奢专横。最妙处是不着一个字批评,但把客观事实直写,自然会令读者叹气或瞪眼。又如《丽人行》那首七古,全首将近二百字的长篇,完全立在第三者地位观察事实。从"三月三日天气新"到"青鸟飞去衔红巾",占全首二十六句中之二十四句,只是极力铺叙那种豪奢热闹情状，不惟字面上没有讥刺痕迹，连骨子里头也没有。直至结尾两句：

炙手可热势绝伦，慎莫近前丞相嗔。

算是把主意一逗。但依然不着议论，完全让读者自去批评。这种可以说讽刺文学中之最高技术。因为人类对于某种社会现象之批评，自有共同心理，作家只要把那现象写得真切，自然会使读者心理起反应，若把读者心中要说的话，作者先替他倾吐无余，那便索然寡味了。杜工部这类诗，比白香山《新乐府》高一筹，所争就在此。《石壕吏》《垂老别》诸篇，所用技术，都是此类。

工部的写实诗，十有九属于讽刺类。不独工部为然，近代欧洲写实文学，那一家不是专写社会黑暗方面呢？但杜集中用写实法写社会优美方面的亦不是没有。如《遭田父泥饮》那篇：

步屧随春风，村村自花柳。田翁逼社日，邀我尝春酒。酒酣夸新尹，畜眼未见有。回头指大男，渠是弓弩手。名在飞骑籍，长番岁时久。前日放营农，辛苦救衰朽。差科死则已，誓不举家走。今年大作社，拾遗能住否？叫妇开大瓶，盆中为吾取。……高声索果栗，欲起时被肘。指挥过无礼,未觉村野丑。月出遮我留,仍嗔问升斗。

这首诗把乡下老百姓极粹美的真性情,一齐活现。你看他父子夫妇间何等亲热,对于国家的义务心何等郑重,对于社交,何等爽快何等恳切。我们若把这首诗当个画题,可以把篇中各人的心理从面孔上传出,便成了一幅绝好的风俗画。我们须知道,杜集中关于时事的诗,以这类为最上乘。

六

工部写情,能将许多性质不同的情绪,归拢在一篇中,而得调和之美。例如《北征》篇,大体算是忧时之作。然而"青云动高兴,幽事亦可悦"以下一段,纯是玩赏天然之美。"夜深经战场,寒月照白骨"以下一段,凭吊往事。"况我堕胡尘"以下一大段,纯写家庭实况,忽然而悲,忽然而喜。"至尊尚蒙尘"以下一段,正面感慨时事,一面盼望内乱速平,一面又忧虑到凭借回鹘外力的危险。"忆昨狼狈初"以下到篇末,把过去的事实,一齐涌到心上。像这许多杂乱情绪并在一篇,调和得恰可,非有绝大力量不能。

工部写情,往往愈掭愈紧,愈转愈深,像《哀王孙》那篇,几乎一句一意,试将现行新符号去点读它,差不多每句都须用"。"符或";"符。他的情感,像一堆乱石,突兀在胸中，断断续续的吐出，从无条理中见条理，真极文章之能事。

工部写情，有时又淋漓尽致一口气说出，如八股家评语所谓"大开大合"。这种类不以曲折见长，然亦能极其美。集中模范的作品，如《忆昔行》第二首，从"忆昔开元全盛日"起到"叔孙礼乐萧何律"止，极力追述从前太平景象，从社会道德上赞美，令意义格外深厚。自"岂闻一缣直万钱"到"复恐初从乱离说"，翻过来说现在乱离景象，两两比对，令读者胆战肉跃。

工部还有一种特别技能，几乎可以说别人学不到。他最能用极简的语句，包括无限情绪，写得极深刻。如《喜达行在所》三首中第三首的头两句：

死去凭谁报，归来始自怜。

仅仅十个字，把十个月内虎口余生的甜酸苦辣都写出来，这是何等魄力。又如前文所引《述怀》篇的：

反畏消息来。

五个字，写乱离中担心家中情状，真是惊心动魄。又《垂老别》里头：

> 势异邺城下,纵死时犹宽。

死是早已安排定了,只好拿期限长些作安慰(原文是写老妻送行时语),这是何等沉痛。又如前文所引的:

> 郑公纵得归,老病不识路。

明明知道他绝对不得归了,让一步虽得归,已经万事不堪回首。此外如:

> 带甲满天地,胡为君远行。(此题原缺,为《送远》)
> 万方同一概,吾道竟何之。(《秦州杂诗》)
> 国破山河在,城春草木深。(此题原缺,为《春望》)
> 亲朋无一字,老病有孤舟。(《登岳阳楼》)
> 古往今来皆涕泪,断肠分手各风烟。(《公安送韦二少府》)

之类,都是用极少的字表极复杂极深刻的情绪。他是用洗炼功夫用得极到家,所以说:"语不惊人死不休。"此其所以为文学家的文学。

悲哀愁闷的情感易写,欢喜的情感难写。古今作家中,能将喜情写得逼真的,除却杜集《闻官军收河南河北》外,怕没有第二首。那诗道:

剑外忽闻收蓟北，初闻涕泪满衣裳。却看妻子愁何在，漫卷诗书喜欲狂。白日放歌须纵酒，青春结伴好还乡。即从巴峡穿巫峡，便下襄阳向洛阳。

那种手舞足蹈情形，从心坎上奔进而出，我说他和古乐府的《公无渡河》是同一样笔法。彼是写忽然剧变的悲情，此是写忽然剧变的喜情，都是用快光镜照相照得的。

七

工部流连风景的诗比较少，但每有所作，一定于所咏的景物观察入微，便把那景物做象征，从里头印出情绪。如：

竹凉侵卧内，野月满庭隅。重露成涓滴，稀星乍有无。暗飞萤自照，水宿鸟相呼。万事干戈里，空悲清夜徂。(《倦夜》)

题目是"倦夜"，景物从初夜写到中夜后夜，是独自一个人有心事睡不着疲倦无聊中所看出的光景，所写环境，句句和心理反应。又如：

风急天高猿啸哀，渚清沙白鸟飞回。无边落木萧萧

下，不尽长江滚滚来。……(《登高》)

虽然只是写景，却有一位老病独客秋天登高的人在里头，便不读下文"万里悲秋常作客，百年多病独登台"两句，已经如见其人了。又如：

细草微风岸，危樯独夜舟。星垂平野阔，月涌大江流。……(《旅夜书怀》)

从寂寞的环境上领略出很空阔很自由的趣味。末两句说："飘飘何所似，天地一沙鸥。"把情绪一点便醒。

所以工部的写景诗，多半是把景做表情的工具。像王、孟、韦、柳的写景，固然也离不了情，但不如杜之情的分量多。

八

诗是歌的笑的好呀，还是哭的叫的好？换一句话说，诗的任务在赞美自然之美呀，抑在呼诉人生之苦？再换一句话说，我们应该为做诗而做诗呀，抑或应该为人生问题中某项目的而做诗？这两种主张，各有极强的理由，我们不能作极端的左右袒，也不愿作极端的左右袒。依我所见，人生目的不是单调的，美也不是单调的。为爱美而爱美，也可以说为的是人生目的。因为爱美本来是人生目的的一部分。诉人生苦痛，写人生黑暗，也不能不说是美。因为美的作用，不外令自己或别人起快感。痛楚的刺激，也是快感之一。例如肤痒的人，用手抓到出血，越抓越畅快。像情感怎么热烈的杜工部，他的作品，自然是刺激性极强，近于哭叫人生目的那一路，主张人生艺术观的人，固然要读他。但还要知道，他的哭声，是三板一眼的哭出来，节节含着真美，主张唯美艺术观的人，也非读他不可。我很惭愧，我的艺术素养浅薄，这篇讲演，不能充分发挥"情圣"作品的价值，但我希望这位情圣的精神，和我们的语言文字同其寿命，尤盼望这种精神有一部分注入现代青年文学家的脑里头。

（1922年5月21日诗学研究会讲演稿。原载《晨报副镌》1922年5月28日至5月29日。）

陶渊明之文艺及其品格

一

批评文艺有两个着眼点，一是时代心理，二是作者个性。古代作家能够在作品中把他的个性活现出来的，屈原以后，我便数陶渊明。

汉朝的文学家——司马相如、扬雄、班固、张衡之类，大抵以作"赋"著名。最传诵的几篇赋，都带点子字书或类书的性质，很难在里头发见出什么性灵。五言诗和乐府，虽然在汉时已经发生，但那些好的作品，大半不能得作者主名。李陵、苏武唱和诗之靠不住，固不消说，《玉台新咏》里头所载枚乘傅毅各篇，《文选》便不记撰人名氏，可见现存的汉诗十有九和《诗经》的《国风》一样，连撰人带时代都不甚分明。我们若贸贸然据后代选本所指派的人名，认定某首诗是某人所作，我觉得很危险，就令有几首可以证实，然而片鳞单爪，也不能推出作者面目。所以两汉四百年间文学界的个性作品，我虽不敢说是没有，但我也不敢说有那几家我们确实可以推论。

诗的家数应该从"建安七子"以后论起，七子中曹子建、王仲宣作品，比较的算最多，往后便数阮嗣宗、陆士衡、潘安仁、陶渊明、谢康乐、颜延年、鲍明远、谢玄晖等，这些人都有很丰富的资料供我们研究，但我以为想研究出一位文学家的个性，却要他作品中含有下列两种条件。第一，要"不共"。怎样叫做不共呢？要他的作品完全脱离摹仿的套调，不是能和别人共有。就这一点论，像"建安七子"，就难看出各人个性，曹子植子建兄弟、王仲宣、阮元瑜彼此都差不多（也许是我学力浅看不出他们的分别）。我们读了只能看出"七子的诗风"，很难看出那一位的诗格。第二，要"真"。怎样才算真呢？要绝无一点矫揉雕饰，把作者的实感，赤裸裸地全盘表现。就这一点论，像潘、陆、鲍、谢，都太注重词藻了，总有点像涂脂抹粉的佳人，把真面目藏去几分。所以我觉得唐以前的诗人，真能把他的个性整个端出来和我们相接触的，只有阮步兵和陶彭泽两个人，而陶尤为甘脆鲜明。所以我最崇拜他而且大着胆批评他。但我于批评之前尚须声明一句，这位先生身分太高了，原来用不着我们恭维，从前批评的人也很多，我所说的未必有多少能出古人以外，至于对不对更不敢自信了。

二

陶渊明生于东晋咸安二年壬申，卒于宋元嘉四年丁卯（西纪三七二——四二七）。他的曾祖是历史上有名的陶侃，官至八州都督封长沙郡公，在东晋各位名臣里头，算是气魄最大品格最高的一个人，渊明《命子》诗颂扬他的功德，说道："功遂辞归，临宠不忒，孰谓斯心，而近可得。"陶侃有很烜赫的功名，这诗却专崇拜他"功遂辞归"这一点，可以见渊明少年志趣了（《命子》诗是少作）。他祖父和父亲都做过太守，《命子》诗说他父亲"寄迹风云，寘兹愠喜"，想来也是一位胸襟很阔的人。他的外祖父孟嘉是陶侃女婿——他的外祖母也即他的祖姑。渊明曾替孟嘉作传，说他"行不苟合，言无夸矜，未尝有喜愠之容，好酣饮，逾多不乱，至于任怀得意，融然远寄，傍若无人"。我们读这篇传，觉得孟嘉活是一个渊明小影。渊明父母两系都有这种遗传，可见他那高尚人格，是从先天得来了。——以上说的是陶渊明的家世。

东晋一代政治，常常有悍将构乱，跟着也有名将定乱，所以向来政象虽不甚佳，也还保持水平线以上的地位。到渊明时代却不同了，谢安、谢玄一辈名臣相继凋谢。渊明二十岁到三十岁这十年间，都是会稽王司马道子和他的儿子元显柄国，很像清末庆亲王奕劻和他儿子载振一般，招权纳贿，弄得政界混浊不堪，各地拥兵将帅，互争雄长。到渊明三十一岁时，桓玄把道子杀了，明年便篡位，跟着刘裕起兵讨灭桓玄，像有点中兴气象，中间平南燕平姚秦，把百余年间五胡蹂躏的山河，总算恢复一大半转来。可惜刘裕做皇帝的心事太迫切，等不到完全成功，便引军南归，中原旋复陷没。渊明五十岁那年，刘裕篡晋为宋。过六年，渊明便死了。

渊明少年，母老家贫，想靠做官得点俸禄。当桓玄未篡位以前，曾做过刘牢之的参军，约摸三年，和刘裕是同僚。到刘裕讨灭桓玄之后，又曾做过刘敬宣的参军，又做过彭泽令，首尾仅一年多，从此便浩然归去，终身不仕。有名的《归去来辞》，便是那年所作，其时渊明不过三十四岁。萧统作《渊明传》谓："自以曾祖晋世宰辅，耻复屈身后代，自宋高祖王业渐隆，不复肯仕。"其实渊明只是看不过当日仕途的混浊，不屑与那些热官为伍，倒不在乎刘裕的王业隆与不隆。若说专对刘裕吗？渊明辞官那年，正是刘裕拨乱反正的第二年，何以见得他不能学陶侃之功遂辞归，便料定他二十年后会篡位呢？本集《感士不遇赋》的序文说道："自真风告逝，大伪斯兴，闾阎懈廉退之节，市朝驱易进之心。"当时士大夫浮华奔竞，廉耻扫地，是渊明最痛心的事。他纵然没有力量移风易俗，起码也不肯同流合污，把自己人格丧掉。这是渊明弃官最主要的动机，从他的诗文中到处都看得出来。若说所争在什么姓司马的姓刘的，未免把他看小了。——以上说的是陶渊明的时代。

北襟江，东南吸鄱阳湖，有"以云为衣""万古青蒙蒙"的五老峰，有"海风吹不断，山月照还空"的香炉瀑布，到处溪声，像卖弄他的"广长舌"，无日无夜，几千年在那里说法，丹的黄的紫的绿的……杂花，四时不断，像各各抖擞精神替山容打扮,清脆美丽的小鸟儿,这里一群,那里一队,成天价合奏音乐,却看不见他们的歌舞剧场在何处,呵呵,这便是一千多年来诗人讴歌的天国——庐山了。山麓的西南角——离归宗寺约摸二十多里,一路上都是"沟塍刻镂,原隰龙鳞,五谷垂颖,桑麻铺棻"。三里五里一个小村庄,那庄稼人老的少的丑的俏的,早出晚归做他的工作,像十分感觉人生的甜美。中间有一道温泉,泉边的草,像是有人天天梳剪它,葱蒨整齐得可爱,那便是栗里,便是南村了。再过十来里,便是柴桑口,是那"雄姿英发"的周郎谈笑破曹的策源地,也即绝代佳人陶渊明先生生长、钓游、永藏的地方了。我们国里头四川和江西两省,向来是产生大文学家的所在,陶渊明便是代表江西文学第一个人。——以上说的是陶渊明的乡土。

三国两晋以来之思想界,因为两汉经生破碎支离的反动,加以时世丧乱的影响,发生所谓谈玄学风,要从《易经》、老庄里头找出一种人生观。这种人生观有点奇怪,一面极端的悲观,一面从悲观里头找快乐,我替他起一个名叫做"厌世的乐天主义"。这种人生观批折到根柢到底有无好处,另是一个问题。但当时应用这种人生观的人,很给社会些不好影响。因为万事看破了,实际上仍找不出个安心立命所在,十有九便趋于颓废堕落一途。两晋社会风尚之坏,未始不由此。同时另外有一种思潮从外国输入的,便是佛教。佛教虽说汉末已经传到中国,但认真研究教理组成系统,实自鸠摩罗什以后。罗什到中国，正当渊明辞官归田那一年。同时有一位大师慧远在庐山的东林结社说法三十多年。东林与渊明住的栗里，相隔不过二十多里。渊明和慧远方外至交，常常来往。渊明本是儒家出身，律己甚严，从不肯有一毫苟且卑鄙放荡的举动，一面却又受了当时玄学和慧远一班佛教徒的影响，形成他自己独得的人生见解，在他文学作品中充分表现出来。——以上说的是陶渊明那时的时代思潮。

三

陶渊明之冲远高洁，尽人皆知，他的文学最大价值也在此。这一点容在下文详论。但我们想觑出渊明整个人格，我以为有三点应先行特别注意。

第一须知他是一位极热烈极有豪气的人。他说：

忆我少壮时，无乐自欣豫。猛志逸四海，骞翮思远翥。（《杂诗》）

又说：

少时壮且厉，抚剑独行游。（《拟古》）

这些诗都是写自己少年心事，可见他本来意气飞扬不可一世。中年以后，渐渐看得这恶社会没有他施展的余地了，他发出很感慨的悲音道：

> 日月掷人去，有志不获骋。感此怀悲凄，终晓不能静。（《杂诗》）

直到晚年，这点气概也并不衰减，在极闲适的诗境中，常常露出些奇情壮思来，如《读〈山海经〉十三首》里说道：

> 精卫衔微木，将以填沧海。刑天舞干戚，猛志固常在。（《读〈山海经〉》）
> 夸父诞宏志，乃与日竞走。……余迹寄邓林，功竟在身后。（同上）

《读〈山海经〉》是集中最浪漫的作品，所以不知不觉把他的"潜在意识"冲动出来了。又如《拟古九首》里头的一首：

> 辞家夙严驾，当往至无终。问君今何行，非商复非戎。闻有田子泰，节义为士雄。其人久已死，乡里习其风。生有高世名，既没传无穷。不学狂驰子，直在百年中。

又如《咏荆轲》那首：

燕丹善养士，志在报强嬴。招集百夫良，岁暮得荆卿。君子死知己，提剑出燕京。素骥鸣广陌，慷慨送我行。雄发指危冠，猛气冲长缨。饮饯易水上，四座列群英。渐离击悲筑，宋意唱高声。萧萧哀风逝，淡淡寒波生。商音更流涕，羽奏壮士惊。心知去不归，且有后世名。登车何时顾，飞盖入秦庭。凌厉越万里，逶迤过千城。图穷事自至，豪主正怔营。惜哉剑术疏，奇功遂不成。其人虽已没，千载有余情。

他所崇拜的是田畴、荆轲一流人，可以见他的性格是那一种路数了。朱晦庵说："陶却是有力，但诗健而意闲，隐者多是带性负气之人。"此语真能道着痒处，要之渊明是极热血的人，若把他看成冷面厌世一派，那便大错了。

第二须知他是一位缠绵悱恻最多情的人。读集中《祭程氏妹文》《祭从弟敬远文》《与子俨等疏》，可以看出他家庭骨肉间的情爱热烈到什么地步。因为文长，这里不全引了。

他对于朋友的情爱，又真率，又浓挚。如《移居篇》写的：

春秋多佳日，登高赋新诗。过门更相呼，有酒斟酌之。农务各自归，闲暇辄相思。相思则披衣，言笑无厌时。……

一种亲厚甜美的情意,读起来真活现纸上。他那"闲暇辄相思"的情绪,有《停云》一首写得最好。

> 停云,思亲友也。樽湛新醪,园列初荣,愿言弗从,叹息弥襟。
>
> 霭霭停云,蒙蒙时雨。八表同昏,平路伊阻。静寄东轩,春醪独抚。良朋悠邈,搔首延伫。
>
> 停云霭霭,时雨蒙蒙。八表同昏,平陆成江。有酒有酒,闲饮东窗。愿言怀人,舟车靡从。
>
> 东园之树,枝条再荣。竞用新好,以招余情。人亦有言,日月于征。安得接席,说彼平生。
>
> 翩翩飞鸟,息我庭柯。敛翮闲止,好声相和。岂无他人,念子实多。愿言不获,抱恨如何。

这些诗真算得温柔敦厚情深文明了。

集中送别之作不甚多,内中如答庞参军的结句:"情通万里外,形迹滞江山。君其爱体素,来会在何年。"只是很平淡的四句,读去觉得比千尺的桃花潭水还情深哩。

集中写男女情爱的诗,一首也没有,因为他实在没有这种事实。但他却不是不能写,《闲情赋》里头,"愿在衣而为领……"底下一连叠十句"愿在……而为……",熨贴深刻,恐古今言情的艳句,也很少比得上。因为他心苗上本来有极温润的情绪，所以要说便说得出。

宋以后批评陶诗的人，最恭维他"耻事二姓"，几乎首首都是眷念故君之作。这种论调，我们是最不赞成的。但以那么高节那么多情的陶渊明，看不上那"欺人孤儿寡妇取天下"的新主，对于已覆灭的旧朝不胜眷恋，自然是情理内的事。依我看，《拟古九首》，确是易代后伤时感事之作。内中两首：

荣荣窗下兰，密密堂前柳。初与君别时，不谓行当久。出门万里客，中道逢嘉友。未言心相醉，不在接杯酒。兰枯柳亦衰，遂令此言负。多谢诸少年，相知不忠厚。意气倾人命，离隔复何有？

仲春遘时雨，始雷发东隅。众蛰各潜骇，草木纵横舒。翩翩新来燕，双双入我庐。先巢故尚在，相将还旧居。自从分别来，门庭日荒芜。我心固匪石，君情定何如？

这些诗都是从深痛幽怨发出来，个个字带着泪痕，和《祭妹文》一样的情操。顾亭林批评他道："淡然若忘于世，而感愤之怀，有时不能自止而微见其情者，真也。"这话真能道出渊明真际了。

第三须知他是一位极严正——道德责任心极重的人。他对于身心修养，常常用功，不肯放松自己。集中有《荣木》一篇，自序云："荣木，念将老也。日月推迁，已复九夏，总角闻道，白首无成。"那诗分四章，末两章云：

> 嗟予小子，禀兹固陋。徂年既流，业不增旧。志彼不舍，安此日富。我之怀矣，怛焉内疚。
>
> 先师遗训，余岂云坠。四十无闻，斯不足畏。脂我名车，策我名骥。千里虽遥，孰敢不至。

这首诗从词句上看来，当然是四十岁以后所作，又《饮酒篇》"少年罕人事，游好在六经。行行向不惑，淹留竟无成"，《杂诗》"前涂当几许，未知止泊处。古人惜寸阴，念此使人惧"，也是同一口吻。渊明得寿仅五十六岁，这些诗都是晚年作品，你看他进德的念头，何等恳切，何等勇猛。许多有暮气的少年，真该愧死了。

他虽生长在玄学佛学氛围中，他一生得力处和用力处，却都在儒学。《饮酒篇》末章云：

> 羲农去我久，举世少复真。汲汲鲁中叟，弥缝使其淳。凤鸟虽不至，礼乐暂得新。洙泗辍微响，漂流逮狂秦。诗书复何罪，一朝成灰尘。区区诸老翁，为事诚殷勤。如何绝世下，六籍无一亲。终日驰车走，不见所问津。……

当时那些谈玄人物，满嘴里清静无为，满腔里声色货利。渊明对于这班人，最是痛心疾首，叫他们做"狂驰子"，说他们"终日驰车走，不见所问津"。简单说，就是可怜他们整天价说的话丝毫受用不着。他有一首诗，对于当时那种病态的思想表示怀疑态度。说道：

苍苍谷中树，冬夏常如兹。年年见霜雪，谁谓不知时。厌闻世上语，结友到临淄。稷下多谈士，指彼决吾疑。装束既有日，已与家人辞。行行停出门，还坐更自思。不畏道里长，但畏人我欺。万一不合意，永为世笑嗤。伊怀难具道，为君作此诗。（《拟古》）

这首诗和屈原的《卜居》用意差不多，只是表明自己有自己的见解，不愿意随人转移。他又说：

行止千万端，谁知非与是。是非苟相形，雷同共誉毁。三季多此事，达者似不尔。咄咄俗中愚，且当从黄绮。（《饮酒》）

这是对于当时那些"借旷达出锋头"的人施行总弹劾，他们是非雷同，说的天花乱坠，在渊明眼中，只算是"俗中愚"罢了。渊明自己怎么样呢？他只是平平实实将儒家话身体力行。他说：

先师有遗训，忧道不忧贫。瞻望邈难逮，转欲志长勤。(《癸卯岁始春怀古田舍》)

又说：

历览千载书，时时见遗烈，高操非所攀，谬得固穷节。(《癸卯岁十二月中作与从弟敬远》)

他一生品格立脚点，大略近于孟子所说"有所不为""不屑不洁"的狷者，到后来操养纯熟，便从这里头发现出人生真趣味来。若把他当作何晏、王衍那一派放达名士看待，又大错了。

以上三项，都是陶渊明全人格中潜伏的特性。先要看出这个，才知道他外表特性的来历。

四

渊明一世的生活，真算得最单调的了。老实说，他不过庐山底下一位赤贫的农民，耕田便是他唯一的事业。他这种生活，虽是从少年已定下志趣，但中间也还经过一两回波折，因为他实在穷得可怜,所以也曾转念头想做官混饭吃,但这种勾当,和他那"不屑不洁"的脾气,到底不能相容。他精神上很经过一番交战,结果觉得做官混饭吃的苦痛,比挨饿的苦痛还厉害,他才决然弃彼取此,有名的《归去来兮辞·序》,便是这段事实和这番心理的自白。其全义如下:

余家贫,耕植不足以自给。幼稚盈室,瓶无储粟,生生所资,未见其术,亲故多劝余为长吏,脱然有怀,求之靡途。会有四方之事,诸侯以惠爱为德,家叔以余贫苦,遂见用于小邑。于时风波未静,心惮远役,彭泽去家百里,公田之利,足以为润,故便求之。少日,眷然有归与之情。何则?质性自然,非矫厉所得。饥冻虽切,违已交病。尝从人事,皆口腹自役。于是怅然慷慨,深愧平生之志。犹望一稔,当敛裳宵逝,寻程氏妹丧于武昌,情在骏奔,自免去职。仲秋至冬,在官八十余日。因事顺心,命篇曰《归去来兮》。乙巳岁十一月也。

这篇小文,虽极简单极平淡,却是渊明全人格最忠实的表现。苏东坡批评他道:"欲仕则仕,不以求之为嫌。欲隐则隐,不以去之为高。"这话对极了。古今名士,多半眼巴巴盯着富贵利禄,却扭扭捏捏说不愿意干,《论语》说的"舍曰欲之而必为之辞",这种丑态最为可厌。再者,丢了官不做,也不算什么稀奇的事,被那些名士自己标榜起来,说如何如何的清高,实在适形其鄙。二千年来文学的价值,被这类人的鬼话糟蹋尽了。渊明这篇文,把他求官弃官的事实始末和动机赤裸裸照写出来,一毫掩饰也没有。这样的人,才是"真人";这样的文艺,才是"真文艺"。后人硬要说他什么"忠爱",什么"见几",什么"有托而逃",却把妙文变成"司空城旦书"了。

乙巳年之弃官归田,确是渊明全生涯中之一个大转捩,从前他的生活,还在漂摇不定中,到这会才算定了。但这个"定"字,实属不易,他是经过一番精神生活的大奋斗才换得来。他说:"怅然慷慨,深愧平生之志。"《归去来辞》本文中又说:"既自以心为形役,奚惆怅而独悲。"可见他当做官的时候,实感觉无限痛苦。他当头一回出佐军幕时做的诗,说道:"望云惭高鸟,临水愧游鱼。"到晚年追述旧事的诗,也说道:"畴昔苦长饥,投耒去学仕。将养不得节,冻馁固缠己。是时向立年,志意多所耻。遂尽介然分,拂衣归田里。"就常人眼光看来,做官也不是什么对不住人的事,有什么可惭可愧可耻可悲呀。呵呵,大文学家真文学家和我们不同的就在这一点。他的神经极锐敏,别人不感觉的苦痛他会感觉。他的情绪极热烈,别人受苦痛搁得住,他却搁不住。渊明在官场里混那几年,像一位"一生儿爱好是天然"的千金小姐,强逼着去倚门卖笑,那种惭耻悲痛,真是深刻入骨。一直到摆脱过后,才算得着精神上解放了。所以他说:"觉今是而昨非。"

何以见得他的生活是从奋斗得来呢?因为他物质上的境遇,真是难堪到十二分,他却能始终抵抗,没有一毫退屈。他集中屡屡实写饥寒状况,如《杂诗》云:

> 代耕本非望,所业在田桑。躬亲未曾替,寒馁常糟糠。岂期过满腹,但愿饱粳粮。御冬足大布,粗绨以应阳。正尔不能得,哀哉亦可伤。……

《有会而作》篇的序文云:

> 旧谷既没,新谷未登。颇为老农,而值年灾。日月尚悠,为患未已。登岁之功,既不可希。朝夕所资,烟火裁通。旬日已来,始念饥乏。岁云夕矣,慨然永怀。今我不述,后生何闻哉。

诗云:

> 弱年逢家乏,老至更长饥。……馁也已矣夫,在昔余多师。

《怨诗楚调》篇云:

……炎火屡焚如,螟蜮恣中田。风雨纵横至,收敛不盈廛。夏日长抱饥,寒夜无被眠。造夕思鸡鸣,及晨愿乌迁。(按:此二语,言夜则愿速及旦,旦则愿速及夜,皆极写日子之难过。)……

寻常诗人,叹老嗟卑,无病呻吟,许多自己发牢骚的话,大半言过其实,我们是不敢轻信的。但对于陶渊明不能不信,因为他是一位最真的人。我们从他全部作品中可以保证他真是穷到彻骨,常常没有饭吃。那《乞食》篇说的:

饥来驱我去,不知竟何之。行行至斯里,叩门拙言辞。主人知余意,投赠副虚期。谈谐终日夕,觞至辄倾卮。情欣新知欢,兴言遂赋诗。感子漂母惠,愧我非韩才。衔戢知何谢。冥报以相贻。

乞食乞得一顿饭,感激到他"冥报相贻"的话,你想这种情况,可怜到什么程度。但他的饭肯胡乱吃吗?哼哼,他决不肯。本传记他一段故事道:"江州刺史檀道济往候之,偃卧瘠馁有日矣。道济谓曰:'贤者处世,天下无道则隐,有道则至。今子生文明之世,奈何自苦如此?'对曰:'潜也何敢望贤,志不及也。'道济馈以粱肉,麾而去之。"他并不是好出圭角的人,待人也很和易,但他对于不愿意见的人不愿意做的事,宁

可饿死,也不肯丝毫迁就。孔子说的"志士不忘在沟壑",他一生做人的立脚,全在这一点。《饮酒》篇中一章云:

清晨闻叩门,倒裳往自开。问子为谁欤,田父有好怀。壶浆远见候,疑我与时乖。褴缕茅檐下,未足为高栖。一世皆尚同,愿君汩其泥。深感父老言,禀气寡所谐。纡辔诚可学,违己讵非迷。且共欢此饮,吾驾不可回。

这些话和屈原的《卜居》《渔父》一样心事,不过屈原的骨鲠显在外面,他却藏在里头罢了。

五

檀道济说他"奈何自苦如此",他到底苦不苦呢?他不惟不苦,而且可以说是世界上最快乐的一个人。他最能领略自然之美,最能感觉人生的妙味。在他的作品中,随处可以看得出来。如《读〈山海经〉十三首》的第一首:

孟夏草木长,绕屋树扶疏。众鸟欣有托,吾亦爱吾庐。既耕亦已种,时还读我书。门巷隔深辙,颇回故人车。欢然酌春酒,摘我园中蔬。微雨从东来,好风与之俱。

泛览周王传,流观山海图。俯仰终宇宙,不乐复何如?

如《和郭主簿二首》的第一首:

蔼蔼堂前林,中夏贮清阴。凯风因时来,回飙开我襟。息交游闲业,卧起弄书琴。园蔬有余滋,旧谷犹储今。营己良有极,过足非所钦。春秫作美酒,酒熟吾自斟。弱子戏我侧,学语未成音。此事真复乐,聊用忘华簪。遥遥望白云,怀古一何深。

如《饮酒二十首》的第五首:

结庐在人境,而无车马喧。问君何能尔?心远地自偏。采菊东篱下,悠然见南山。山气日夕佳,飞鸟相与还。此中有真意,欲辩已忘言。

如《移居二首》:

昔欲居南村,非为卜其宅。闻多素心人,乐与数晨夕。怀此颇有年,今日从兹役。敝庐何必广,取足蔽床席。邻曲时时来,抗言谈在昔。奇文共欣赏,疑义相与析。

春秋多佳日,登高赋新诗。过门更相呼,有酒斟酌之。农务各自归,闲暇辄相思。相思则披衣,言笑无厌时。此理将不胜,无为忽去兹。衣食须当纪,力耕不吾欺。

如《饮酒》的第十三首:

故人赏我趣,挈壶相与至。班荆坐松下,数斟已复醉。父老杂乱言,觞酌失行次。不觉知有我,安知物为贵。咄咄迷所留,酒中有深味。

集中像这类的诗很多,虽写穷愁,也含有倏然自得的气象。他临终时给他儿子们的遗嘱——《与子俨等疏》,内中有一段写自己的心境,说道:

少学琴书,偶爱闲静。开卷有得,便欣然忘食。见树木交荫,时鸟变声,亦复欢然有喜。常言五六月中,北窗下卧,遇凉风暂至,自谓是羲皇上人。

读这些作品,便可以见出此老胸中,没有一时不是活泼泼的,自然界是他爱恋的伴侣,常常对着他微笑,他无论肉体上有多大苦痛,这位伴侣都能给他安慰。因为他抓定了这位伴侣,所以在他周围的人事,也都变成微笑了。他说:"即事多所欣。"据我们想来,他终日所接触的,果然全是可欣的资料。

因为这样,所以什么饥咧寒咧,在他全部生活上,便成了很小的问题。《拟古九首》的第五首云:

> 东方有一士,被服常不完。三旬九遇食,十年著一冠。辛苦无此比,常有好容颜。我欲观其人,晨去越河关。青松夹路生,白云宿檐端。知我故来意,取琴为我弹。上弦惊别鹤,下弦操孤鸾。愿留就君住,从今到岁寒。

"辛苦无此比,常有好容颜。"这两句话,可算得他老先生自画"行乐图"。我们可以想象出一位冷若冰霜艳如桃李的绝代佳人,你说他像当时那一派"放浪形骸之外"的名士吗?那却是大大不然。他的快乐不是从安逸得来,完全从勤劳得来。

《庚戌岁九月中于西田获早稻》篇云:

> 人生归有道,衣食固其端。孰是都不营,而以求自安。开春理常业,岁功聊可观。晨出肆微勤,日入负耒还。山中饶霜露,风气亦先寒。田家岂不苦,弗获辞此难。四体诚乃疲,庶无异患干。盥濯息檐下,斗酒散襟颜。遥遥沮溺心,千载乃相关。但愿长如此,躬耕非所叹。

近人提倡"劳作神圣",像陶渊明才配说懂得劳作神圣的真意义哩。"四体诚乃疲,庶无异患干"两句话,真可为最合理的生活之准鹄。曾文正说："勤劳而后休息，一乐也。"渊明一生快乐，都是从勤劳后的休息得来。

渊明是"农村美"的化身。所以他写农村生活，真是入妙。如：

……方宅十余亩，草屋八九间。榆柳荫后檐，桃李罗堂前。暧暧远人村，依依墟里烟。狗吠深巷中，鸡鸣桑树颠。……（《归园田居》）

野外罕人事，穷巷寡轮鞅。白日掩荆扉，虚室绝尘想。时复墟曲中，披草共来往。相见无杂言，但道桑麻长。……（同上）

……漉我新熟酒，只鸡招近局。日入室中暗，荆薪代明烛。欢来苦夕短，已复至天旭。（同上）

……秉耒欢时务，解颜劝农人。平畴交远风，良苗亦怀新。……（《怀古田舍》）

……饥者欢初饱，束带候鸣鸡。扬楫越平湖，汛随清壑回。郁郁荒山里，猿声闲且哀。悲风爱静夜，林鸟喜晨开。……（《下潠田舍获稻》）

后来诗家描写田舍生活的也不少，但多半像乡下人说城市事，总说不到真际。生活总要实践的才算，养尊处优的士大夫，说什么田家风味，配吗？渊明只把他的实历实感写出来，便成为最亲切有味之文。

渊明有他理想的社会组织,在《桃花源记》和诗里头表现出来。《记》云:

晋太元中,武陵人捕鱼为业。缘溪行,忘路之远近。忽逢桃花林,夹岸数百步,中无杂树,芳草鲜美,落英缤纷,渔人甚异之。复前行,欲穷其林。林尽水源,便得一山。山有小口,仿佛若有光,便舍船,从口入。初极狭,才通人。复行数十步,豁然开朗。土地平旷,屋舍俨然,有良田美池桑竹之属。阡陌交通,鸡犬相闻。其中往来种作,男女衣着,悉如外人。黄发垂髫,并怡然自乐。见渔人,乃大惊,问所从来,具答之。便要还家,设酒杀鸡作食。村中闻有此人,咸来问讯。自云先世避秦时乱,率妻子邑人来此绝境,不复出焉,遂与外人间隔。问今是何世,乃不知有汉,无论魏晋。此人一一为具言所闻,皆叹惋。余人各复延至其家,皆出酒食,停数日,辞去。此中人语云:不足为外人道也。既出,得其船,便扶向路,处处志之,及郡下,诣太守,说如此。太守即遣人随其往,寻向所志,遂迷,不复得路。南阳刘子骥,高尚士也。闻之,欣然亲往,未果。寻病终,后遂无问津者。

诗云:

嬴氏乱天纪，贤者避其世。黄绮之商山，伊人亦云逝。往迹浸复湮，来径遂芜废。相命肆农耕，日入从所憩。桑竹垂余荫，菽稷随时艺。春蚕收长丝，秋熟靡王税。荒路暧交通，鸡犬互鸣吠。俎豆犹古法，衣裳无新制。童孺纵行歌，班白欢游诣。草荣识节和，木衰知风厉。虽无纪历志，四时自成岁。怡然有余乐，于何劳智慧。奇踪隐五百，一朝敞神界。淳薄既异源，旋复还幽蔽。借问游方士，焉测尘嚣外。愿言蹑轻风，高举寻吾契。

这篇《记》可以说是唐以前第一篇小说，在文学史上算是极有价值的创作。这一点让我论小说沿革时再详细说他。至于这篇文的内容，我想起他一个名叫做东方的Utopia（乌托邦），所描写的是一个极自由极平等之爱的社会。荀子所谓"美善相乐"，惟此足以当之。桃源，后世竟变成县名。小说力量之大，也无出其右了。后人或拿来附会神仙，或讨论他的地方年代，真是痴人前说不得梦。

六

渊明何以能有如此高尚的品格和文艺，一定有他整个的人生观在背后。他的人生观是什么呢？可以拿两个字包括他："自然"。他替他外祖孟嘉做传说道："……又问（桓温问孟嘉）

听妓,丝不如竹,竹不如肉。答曰:渐近自然。……"(《晋故征西大将军长史孟府君传》)

《归园田居》诗云:

久在樊笼里,复得返自然。

《归去来辞·序》云:

质性自然,非矫厉所得,饥冻虽切,违己交病。

他并不是因为隐逸高尚有什么好处才如此做,只是顺着自己本性的自然。"自然"是他理想的天国,凡有丝毫矫揉造作,都认作自然之敌,绝对排除。他做人很下坚苦功夫,目的不外保全他的"自然"。他的文艺只是"自然"的体现,所以"容华不御"恰好和"自然之美"同化。后人用"斫雕为朴"的手段去学他,真可谓"刻画无盐唐突西子"了。

爱自然的结果,当然爱自由。渊明一生,都是为精神生活的自由而奋斗。斗的什么?斗物质生活。《归去来辞》说:"尝从人事,皆口腹自役。"又说:"以心为形役。"他觉得做别人奴隶,回避还容易,自己甘心做自己的奴隶,便永远不能解放了。他看清楚耳目口腹等等,绝对不是自己,犯不着拿自己去迁就他们。他有一首诗直写这种怀抱云:

> 在昔曾远游，直至东海隅。道路迥且长，风波阻中途。此行谁使然，似为饥所驱。倾身营一饱，少许便有余。恐此非名计，息驾归闲居。

因为"倾身营一饱，少许便有余"，所以"营己良有极，过足非所钦"。他并不是对于物质生活有意克减，他实在觉得那类生活，便丰赡也用不着。宋钘说："人之情欲寡而皆以为己之情欲多，过也。"渊明正参透这个道理，所以极刻苦的物质生活，他却认为"复归于自然"。他对于那些专务物质生活的人有两句诗批评他们道：

> 客养千金躯，临化消其宝。(《饮酒》)

这两句名句，可以抵七千卷的《大藏经》了。

集中有形影神三首，第一首《形赠影》，第二首《影答形》，第三首《神释》。这三首诗正写他自己的人生观，那《神释》篇的末句云：

> 纵浪大化中，不喜亦不惧。应尽便须尽，无复独多虑。

《杂诗》里头亦说：

> 壑舟无须臾，引我不得住。前途当几许，未知止泊处。

《归去来辞》末句亦说：

> 聊乘化以归尽，乐夫天命复奚疑。

就佛家眼光看来，这种论调，全属断见，自然不算健全的人生观。但渊明却已够自己受用了，他靠这种人生观，一生能够"酣饮赋诗，以乐其志"，"忘怀得失，以此自终"（《五柳先生传》）。一直到临死时候，还是僴然自得，不慌不忙的留下几篇自祭自挽的妙文。那《自挽诗》云：

> 有生必有死，早终非命促。昨暮同为人，今旦在鬼录。魂气散何之，枯形寄空木。娇儿索父啼，良友抚我哭。得失不复知，是非安能觉。千秋万岁后，谁知荣与辱。但恨在世时，饮酒不得足。
>
> 在昔无酒饮，今但湛空觞。春醪生浮蚁，何时更能尝。肴案盈我前，亲旧哭我傍。欲语口无音，欲视眼无光。昔在高堂寝，今宿荒草乡。一朝出门去，归来良未央。
>
> 荒草何茫茫，白杨亦萧萧。严霜九月中，送我出远郊。四面无人居，高坟正嶕峣。马为仰天鸣，风为自萧条。幽室一已闭，千年不复朝。千年不复朝，贤达无奈

何。向来相送人,各自还其家。亲戚或余悲,他人亦已歌。死去何所道,托体同山阿。

《自祭文》云:

岁惟丁卯,律中无射。天寒夜长,风气萧索,鸿雁于征,草木黄落。陶子将辞逆旅之馆,永归于本宅。故人凄其相悲,同祖行于今夕。羞以嘉蔬,荐以清酌。候颜已冥,聆音愈漠。呜呼哀哉!茫茫大块,悠悠苍旻,是生万物,余得为人。自余为人,逢运之贫,箪瓢屡罄,絺绤冬陈。含欢谷汲,行歌负薪,翳翳柴门,事我宵晨,春秋代谢,有务中园,载耘载耔,乃育乃繁。欣以素牍,和以七弦。冬曝其日,夏濯其泉。勤靡余劳,心有常闲。乐天委分,以至百年。惟此百年,夫人爱之,惧彼无成,愒日惜时。存为世珍,殁亦见思,嗟我独迈,曾是异兹。宠非己荣,涅岂吾缁?捽兀穷庐,酣饮赋诗。识运知命,畴能罔眷。余今斯化,可以无恨。寿涉百龄,身慕肥遁,从老得终,奚所复恋。寒暑逾迈,亡既异存,外姻晨来,良友宵奔,葬之中野,以安其魂。窅窅我行,萧萧墓门,奢耻宋臣,俭笑王孙,廓兮已灭,慨焉以遐,不封不树,日月遂过。匪贵前誉,孰重后歌?人生实难,死如之何?呜呼哀哉!

这三首诗一篇文,绝不是像寻常名士平居游戏故作达语,的确是临死时候所作。因为所记年月,有传记可以互证。古来忠臣烈士慷慨就死时几句简单的绝命诗词,虽然常有,若文学家临死留下很有理趣的作品,除渊明外像没有第二位哩。我想把文中"勤靡余劳,心有常闲。乐天委分,以至百年"十六个字,作为渊明先生人格的总赞。

(选自《陶渊明》1923年作。原载《饮冰室合集》第十二册第九十六,中华书局1989年版。)

文学的反射

要晓得时代思潮，最好是看他的文学。欧洲文学，讲到波澜壮阔，在前则有文艺复兴时期，在后则推十九世纪。两者同是思想解放的产物，但气象却有点根本不同之处。前者偏于乐观，后者偏于悲观；前者多春气，后者多秋气；前者当文明萌茁之时，觉得前途希望汪洋无际，后者当文明烂熟之后，觉得样样都试过了，都看透了，却是无一而可。我如今且简单讲几句。百年来的思潮和文学印证出来，十九世纪的文学，大约前半期可称为浪漫忒派（即感想派）全盛时代，后半期可称为自然派（即写实派）全盛时代。浪漫忒派承古典派极敝之后，崛然而起。斥摹仿，贵创造，破形式，纵感情，恰与当时唯心派的哲学和政治上生计上的自由主义同一趋向。万事皆尚新奇，总要凭主观的想象力描出些新境界新人物，要令读者跳出现实界的圈子外，生一种精神交替的作用。当时思想初解放，人人觉得个性发展可以绝无限制，梦想一种别开生面完全美满的生活。他们的诗家，有点和我国的李太白一样，游心物表，块然自乐。他们的小说，每部多有一个主人翁，这主人翁就是作者自己写照，性格和生活总是与寻常人不同，好写理想的武士表英雄万能，好写理想的美人表恋爱神圣，结果全落空想，和现在的实生活渺不相涉了。到十九世纪中叶，文学霸权就渐渐移到自然派手里来。自然派所以勃兴，有许多原因。第一件，承浪漫忒派之后，将破除旧套、发展个性两种精神做个基础，自然应该更进一步趋到通俗求真的方面来。第二件，其时物质文明剧变骤进，社会情状日趋繁复，多数人无复耽玩幻想的余裕，而且觉得幻境虽佳，总不过过门大嚼，倒不如把眼前事实写来，较为亲切有味。第三件，唯物的人生观正披靡一时，玄虚的理想，当然排斥。一切思想，既都趋实际，文学何独不然？第四件，科学的研究法，既已无论何种学问都广行应用，文学家自然也卷入这潮流，专用客观分析的方法来做基础。要而言之，自然派当科学万能时代，纯然成为一种科学的文学。他们有一个最重要的信条，说道"即真即美"。他们把社会当作一个理科试验室，把人类的动作行为，当作一瓶一瓶的药料。他们就拿他分析化合起来，那些名著，就是极翔实极明了的试验成绩报告。又像在解剖室中，将人类心理层层解剖，纯用极严格极冷静的客观分析，不含分毫主观的感情作用。所以他们书中的背景，不是天堂，不是来生，不是古代，不是外国，却是眼面前我们所栖托的社会；书中的人物，不是圣贤，不是仙佛，不是英雄，不是美人，却是眼面前一般群众；书中的事迹，不是什么惊天动地的大业，不是什么可歌可泣的奇情，却是眼面前日常生活的些子断片。我们从前有句格言，说是"画犬马难于画鬼神"。这自然派文学，将社会实相描写逼真，总算极尽画犬马之能事了。诸君试想，人类既不是上帝，如何没有缺点？虽以毛嫱西施的美貌，拿显微镜照起来，还不是毛孔上一高一低的窟窿纵横满面。何况现在社会，变化急剧，构造不完全，自然更是丑态百出了。自然派文学，就把人类丑的方面兽性的方面，赤条条和盘托出，写得个淋漓尽致。真固然是真，但照这样看来，人类的价值差不多到了零度了。总之，自从自然派文学盛行之后，越发令人觉得人类是从下等动物变来，和那猛兽弱虫没有多大分别，越发令人觉得人类没有意志自由，一切行为，都是受肉感的冲动和四围环境所支配。我们从前自己夸嘴，说道靠科学来征服自然界。如今科学越发昌明，那自然界的威力却越发横暴，我们快要倒被他征服了。所以受自然派文学影响的人，总是满腔子的怀疑，满腔子的失望。十九世纪末全欧洲社会，都是阴沉沉的一片秋气，就是为此。

（节选自《欧游心影录》，1918年作。原载《晨报》1920年3月6日至6月6日。）

文学家的性格及其预备

文学家的性格,却大与科学相反,文学家最重的是想象。神经太健康的人,必不易当文学家。大凡文学家,总是带点女性,感情异常浓厚,性质异常奇怪,反对现在社会礼法,而对于自然界却异常亲切恋爱——这几点都是文学家的主要性格。

《诗经》的性质,温柔敦厚,乃是带有社会性,用以教人涵养性灵、调和情感的。所以称为"诗教"。但是若往外国研究文学,而注重调和情感,那就成了随俗浮沉、模棱两可的人,岂不可笑?所以往外国研究文学,顶好是取其所长,把情感尽量发泄。因此研究外国文学,我不一定主张要有如何精深的中国文学作基础,但表现自己的情感思想,无论如何要用本国文字才好。

用白话表现情感,有时自比用文言方便,而且不受拘束。但我认为白话表情,有时还嫌不足。我主张学文学的人,对于**中国诗文少读犹不妨**(如果他对于文学有兴趣,他自然要读陶诗、《楚辞》和李杜的集,你禁也禁不住),但"小学"却非特别注意不可。

美国人过的忙的生活，故喜作小诗和短篇小说，这种文学有好处亦有毛病。中国人生性从容安闲，小说动辄作一百二十回，戏剧起码就是几十出。中西文学这一点的异同短长，也是大家所应该知道的。

（节选自《文史学家之性格及其预备》，清华学校职业指导部讲演稿。原载《清华周刊》1924年第291号。）

晚清两大家诗钞题辞

一

晚清两大家诗是甚么？一部是元和金亚匏先生的《秋蟪吟馆诗》，一部是嘉应黄公度先生的《人境庐诗》。我认这两位先生是中国文学革命的先驱，我认这两部诗集是中国有诗以来一种大解放。这诗钞是我拿自己的眼光，将两部集里头最好的诗——最能代表两先生精神，而且可以为解放模范的，钞将下来。所钞约各占原书三分一的光景。

我为什么忽然编起这部书来呢？我想，文学是人生最高尚的嗜好，无论何时，总要积极提倡的。即使没有人提倡他，他也不会灭绝。不惟如此，你就想禁遏他，也禁遏不来。因为稍有点子的文化的国民，就有这种嗜好。文化越高，这种嗜好便越重。但是若没有人往高尚的一路提倡，他却会委靡堕落，变成社会上一种毒害。比方男女情爱，禁是禁不来的，本质原来又是极好的，但若不向高尚处提，结果可以流于丑秽。还有一义，文学是要常常变化更新的，因为文学的本质和作用，最主要的就是"趣味"。趣味这件东西，是由内发的情感和外受的环境交媾发生出来。就社会全体论，各个时代趣味不同。就一个人而论，趣味亦刻刻变化。任凭怎么好的食品，若是顿顿照样吃，自然讨厌。若是将剩下来的嚼了又嚼，那更一毫滋味都没有了。我因为文学上高尚和更新两种目的，所以要编这部书。

我又想，文学是无国界的。研究文学，自然不当限于本国。何况近代以来，欧洲文化，好像万流齐奔，万花齐茁。我们侥幸生在今日，正应该多预备"敬领谢"的帖子，将世界各派的文学尽量输入。就这点看来，研究外国文学，实在是比研究本国的趣味更大益处更多。但却有一层要计算到：怎么叫做输入外国文学呢？第一件，将人家的好著作，用本国语言文字译写出来。第二件，采了他的精神，来自己著作，造出本国的新文学。要想完成这两种职务，必须在本国文学上有相当的素养。因为文学是一种"技术"，语言文字是一种"工具"。要善用这工具，才能有精良的技术；要有精良的技术，才能将高尚的情感和理想传达出来。所以讲别的学问，本国的旧根柢浅薄些，都还可以。讲到文学，却是一点儿偷懒不得。我因为在新旧文学过渡期内，想法教我们把向来公用的工具，操练纯熟，而且得有新式运用的方法，来改良我们的技术，所以要编这部书。

二

我要讲这两部诗的价值，请先将我向来对于诗学的意见，略略说明。

诗，不过文学之一种，然确占极重要之位置，在中国尤甚。欧洲的诗，往往有很长的。一位大诗家，一生只作得十首八首，一首动辄数万言。我们中国却没有。有人说是中国诗家才力薄的证据，其实不然。中国有广义的诗，有狭义的诗。狭义的诗，"三百篇"和后来所谓"古近体"的便是。广义的诗，则凡有韵的皆是，所以赋亦称"古诗之流"，词亦称"诗余"。讲到广义的诗，那么从前的"骚"咧，"七"咧，"赋"咧，"谣"咧，"乐府"咧，后来的"词"咧，"曲本"咧，"山歌"咧，"弹词"咧，都应该纳入诗的范围。据此说来，我们古今所有的诗，短的短到十几个字，长的长到十几万字，也和欧人的诗没什么差别。只因分科发达的结果，"诗"字成了个专名，和别的有韵之文相对待，把诗的范围弄窄了。后来作诗的人在这个专名底下，摹仿前人，造出一种自己束缚自己的东西，叫做什么"格律"，诗却成了苦人之具了。如今我们提倡诗学，第一件是要把"诗"字广义的观念恢复转来，那么自然不受格律的束缚。为甚么呢？凡讲格律的，诗有诗的格律，赋有赋的格律，词有词的格律。专就诗论，古体有古体的格律，近体有近体的格律。这都是从后起的专名产生出来。我们既知道赋呀词呀……呀都是诗，要作好诗，须把这些的精神都容纳在里头，这还有什么格律好讲呢！只是独往独来，将自己的性情和所感触的对象，用极淋漓极微妙的笔力写将出来，这才算是真诗。这是我对于诗的头一种见解。

格律是可以不讲的，修辞和音节却要十分注意。因为诗是一种技术，而且是一种美的技术。若不从这两点着眼，便是把技术的作用，全然抹杀，虽有好意境，也不能发挥出价值来。所谓修辞者，并非堆砌古典僻字，或卖弄浮词艳藻，这等不过不会作诗的人，借来文饰他的浅薄处。试看古人名作，何一不是文从字顺，谢去雕凿？何尝有许多深文谜语来？虽然，选字运句，一巧一拙，而文章价值，相去天渊。白香山诗，不是说"老妪能解"吗？天下古今的老妪，个个能解；天下古今的诗人，却没有几个能做。说是他的理想有特别高超处吗？其实并不见得。只是字句之间，说不出来的精严调协，令人读起来，自然得一种愉快的感受。古来大家名作，无不如是。这就是修辞的作用。所谓音节者，亦并非讲究"声病"。这种浮响，实在无足重轻。但"诗"之为物，本来是与"乐"相为体用。所以《尚书》说："诗言志，歌永言，声依永，律和声。"古代的好诗，没有一首不能唱的。那"不歌而诵"之赋，所以势力不能和诗争衡，就争这一点。后来乐有乐的发达，诗有诗的发达，诗乐不能合一。所以乐府咧，词咧，曲咧，层层继起，无非顺应人类好乐的天性。今日我们作诗，虽不必说一定要能够入乐，但最少也要抑扬抗坠，上口琅然。近来欧人，倡一种"无韵诗"，中国人也有学他的。旧诗里头，我只在刘继庄的《广阳杂记》，见过一首，系一位和尚作的，很长，半有韵，半无韵。继庄说他是天地间奇文，我笨得很，却始终不能领会出他的好处。但我总以为音节是诗的第一要素，诗之所以能增人美感，全赖乎此。修辞和音节，就是技术方面两根大柱。想作名诗，是要实质方面和技术方面都下工夫。实质方面是什么？自然是意境和资料。若没有好意境好资料，算是实质亏空，任凭怎样好的技术，也是白用。若仅有好意境好资料，而词句冗拙，音节馁仃，自己意思，达得不如法，别人读了，不能感动，岂不是因为技术不够，连实质也遭蹋了吗？这是我对于诗的第二种见解。

因这种见解，我要顺带着评一评白话诗问题。我并不反对白话诗，我当十七年前，在《新民丛报》上作的诗话，因为批评招子庸粤讴，也曾很说白话诗应该提倡。其实白话诗在中国并不算什么稀奇，自寒山拾得以后，邵尧夫《击壤集》全部皆是，《王荆公集》中也不少，这还是狭意的诗。若连广义的诗算起来，那么周清真柳屯田的词，十有九是全首白话。元明人曲本，虽然文白参半，还是白多。最有名的《琵琶记》，佳处都是白话。在我们文学史上，白话诗的成绩，不是已经粲然可观吗？那些老先生忽然把他当洪水猛兽看待起来，只好算少见多怪。至于有一派新进青年，主张白话为唯一的新文学，极端排斥文言，这种偏激之论，也和那些老先生不相上下。就实质方面论，若真有好意境好资料，用白话也作得出好诗，用文言也作得出好诗。如其不然，文言诚属可厌，白话还加倍可厌。这是大众承认，不必申说了。就技术方面论，却很要费一番比较研究。我不敢说白话诗永远不能应用最精良的技术，但恐怕要等到国语经几番改良蜕变以后。若专从现行通俗语底下讨生活，其实有点不够。第一，凡文以词约义丰为美妙，总算得一个原则。拿白话和文言比较，无论在文在诗，白话总比文言冗长三分之一。因为名词动词，文言只用一个字的，白话非用两个字不能成话。其他转词助词等，白话也格外用得多。试举一个例：杜工部《石壕吏》的"存者且偷生，死者长已矣"，译出白话来是："活着的挨一天是一天，死过的算永远完了。"我这两句还算译得对吗？不过原文十字变成十七字了。所以讲到"修洁"两个字，白话实在比文言加倍困难。第二，美文贵含蓄，这原则也该大家公认。所谓含蓄者，自然非廋词谜语之谓，乃是言中有意，一种匣剑帷灯之妙，耐人寻味。这种技术，精于白话的人，固然也会用，但比文言总较困难。试拿宋代几位大家的词一看，同是一人，同写一样情节，白话的总比文言的浅露寡味。可见白话本身，实容易陷入一览无余的毛病。（"容易"二字注意，并不是说一定。）更举一个切例：本书中黄公度的《今别离》四首，大众都认他是很有价值的创作。试把他翻成白话，或取他的意境自作四首白话，不惟冗长了许多，而且一定索然无味。白话诗含蓄之难，可以类推。第三，字不够用，这是作"纯白话体"的人最感苦痛的一桩事。因为我们向来语文分离，士大夫不注意到说话的进化。"话"的方面，却是绝无学问的多数人，占了势力。凡传达稍高深思想的字，多半用不着。所以有许多字，文言里虽甚通行，白话里却成僵弃。我们若用纯白话体作说理之文，最苦的是名词不够。若一一求其通俗，一定弄得意义浅薄，而且不正确。若作英文，更添上形容词、动词不够的苦痛。陶渊明的"暧暧远人村，依依墟里烟"，李太白的"黄河从西来，窈窕入远山"，这种绝妙的形容词，我们话里头就没有方法找得出来。杜工部的"欲觉闻晨钟，令人发深省"。"深省"两个字，白话要用几个字呢。字多也罢了，意味却还是不对。这不过随手举一两个例，若细按下去，其实触目皆是。所以我觉得极端的"纯白话诗"，事实上算是不可能。若必勉强提倡，恐怕把将来的文学，反趋到笼统浅薄的方向，殊非佳兆。以上三段，都是从修辞的技术上比较研究。第四，还有音节上的技术。我不敢说白话诗不能有好音节，因为音乐节奏，本发于人性之自然，所以山歌童谣，亦往往琅琅可听，何况文学家刻意去做，那里有做不到的事！现在要研究的，还是难易问题。我也曾读过胡适之的《尝试集》，大端很是不错，但我觉得他依着词家旧调谱下来的小令，格外好些。为什么呢？因为五代两宋的大词家，大半都懂音乐，他们所创的调，都是拿乐器按拍出来。我们依着他填，只要意境字句都新，自然韵味双美。我们自创新音，何尝不能？可惜我们不懂音乐，只成个"有志未逮"。而纯白话体有最容易犯的一件毛病，就是枝词太多，动辄伤气。试看文言的诗词，"之乎者也"，几乎绝对的不用。为什么呢？就因为他伤气，有妨音节。如今作白话诗的人，满纸"的么了哩"，试问从那里得好音节来？我常说"作白话文有个秘诀"，是"的么了哩"越少用越好，就和文言的"之乎者也"，可省则省，同一个原理。现在报章上一般的白话文，若叫我点窜，最少也把他的"的么了哩"删去一半。我们看《镜花缘》上君子国的人掉书包，满嘴"之乎者也"，谁不觉得头巾俗气，可厌可笑。如今作白话文的人，却是"新之乎者也"不离口，还不是一种变相的头巾气。作文尚且不可，何况拿来入诗！字句既不修饰，力口上许多滥调的语助辞，真成了诗的"新八股腔"了。

　　以上所说，是专就技术上研究白话诗难工易工的问题，并不是说白话诗没有价值。我想白话诗将来总有大成功的希望，但须有两个条件：第一，要等到国语进化之后，许多文言，都成了"白话化"。第二，要等到音乐大发达之后，作诗的人，都有相当音乐智识和趣味。这却是非需以时日不能。现在有人努力去探辟这殖民地，自然是极好的事。但绝对的排斥文言，结果变成奖励俗调，相习于粗糙浅薄，把文学的品格低下了，不可不虑及。其实文言白话，本来就没有一定的界限。

"暮投石壕村，有吏夜捉人。老翁逾墙走，老妇出门看"，算文言呀，还是算白话？"浔阳江头夜送客，枫叶荻花秋瑟瑟。主人下马客在船，举酒欲饮无管弦"，算文言呀，还是算白话？再高尚的，"行行重行行，与君生别离""采菊东篱下，悠然见南山"，算文言呀，还是算白话？就是在律诗里头，"尚想旧情怜婢仆，也曾因梦送钱财。情知此恨人人有，贫贱夫妻百事哀"，算文言呀，还是算白话？那最高超雄浑的，"吴楚东南坼，乾坤日夜浮。亲朋无一字，老病有孤舟"，算文言呀，还是算白话？若说是定要满纸"的么了咧"……定要将《石壕吏》三、四两句改作"有一位老头子爬墙头跑了，一位老婆子出门口张望张望"才算白话，老实说，我就不敢承教。若说我刚才所举出的那几联都算得白话，那么白话文言，毕竟还有什么根本差别呢？老实讲一句，我们的白话文言，本来就没有根本差别。最要紧的，不过语助词有些变迁或是单字不便上口，改为复字。例如文言的"之""者"，白话变为"的"；文言的"矣"，白话变为"了"；文言的"乎""哉"，白话变为"么""吗"；文言单用"因"字、"为"字，白话总要"因为"两字连用；文言"故"字、"所以"字随便用，白话专用"所以"。"的""了""么""吗"，固然是人人共晓；"之""者""矣""乎""哉"，何尝不也是人人共晓？《论语》只用"斯"字，不用"此"字。后人作文，若说定要把"此"改作"斯"才算古雅，固然可笑。若说"斯"字必不许用，又安有此理？"能饮一杯无"，古文应作"能饮一杯乎"？白话应作"能饮一杯么"？其实"乎""无""么"三字原只是一字，不过口音微变，演成三体。用"乎"用"无"用"么"，尽听人绝对的自由选择，读者一样的尽人能解。近来有人将文言比欧洲的希腊文拉丁文，将改用白话体比欧洲近世各国之创造国语文学，这话实在是夸张太甚，违反真相。希腊拉丁语和现在的英法德语，语法截然不同，字体亦异，安能不重新改造？譬如我中国人治佛学的，若使必要诵习梵文，且著作都用梵文写出，思想如何能普及？自然非用本国通行文字写他不可。中国文言白话的差别，只能拿现在英国通俗文和索士比亚（索士比亚，即莎士比亚）时代英国古文的差别做个比方，绝不能拿现在英法德文和古代希腊拉丁文的差别做个比方。现代英国人，排斥希腊拉丁，是应该的，是可能的；排斥《索士比亚集》，不惟不应该，而且不可能。因为现代英文和《索士比亚集》并没有根本不同，绝不能完全脱离了他，创成独立的一文体。我中国白话之与文言，正是此类。何况文字不过一种工具，他最要紧的作用：第一，是要把自己的思想和感情完全传达出来；第二，是要令对面的人读下去能确实了解。就第二点论，读"活着的挨一天是一天，死过的算永远完了"这两句话能够了解的人，读"存者且偷生，死者长已矣"这两句话，亦自会了解。质言之，读《水浒传》《红楼梦》能完全了解字句的人，读《论语》《孟子》也差不多都了解；《论语》《孟子》一字不解的，便《水浒》《红楼》亦那里读得下去！——这专就普通字句论。若书中的深意，自然是四种书各各都有难解处；又字句中仍有须特别注释的，四种书都有。——就第一点论，却是文言白话，各有各的特长。例如描写社会实状委曲详尽，以及情感上曲折微妙传神之笔，白话最擅长；条约法律等条文，非文言不能简明正确；普通说理叙事之文，两者皆可，全视作者运用娴熟与否为工拙。我这段话自问总算极为持平，所以我觉得文言白话之争，实在不成问题。一两年来，大家提倡白话，我是极高兴。高兴什么？因为文学界得一种解放。若翻过来极端的排斥文言，那不是解放，却是别造出一种束缚了。标榜白话文的格律义法，还不是"桐城派第二"？这总由脱不了二千年来所谓"表章甚么罢黜甚么"的劣根性，我们今日最宜切戒。依我的主张，是应采绝对自由主义。除了用艰僻古字，填砌陈腐典故，以及古文家缛笔肤语，应该排斥外，只要是朴实说理，恳切写情，无论白话文言，都可尊尚，任凭作者平日所练习以及一时兴会所到，无所不可。甚至一篇里头，白话文言，错杂并用，只要调和得好，也不失为名文。这是我对于文学上一般的意见。

专就讨论：第一，押险韵，用僻字，是要绝对排斥的。第二，用古典作替代语，变成"点鬼簿"，是要绝对排斥的。第三，美人芳草，托兴深微，原是一种象征的作用，做得好的自应推尚，但是一般诗家陈陈相袭，变成极无聊的谜语，也是要相对排斥的。第四，律诗有篇幅的限制，有声病的限制，束缚太严，不便于自由发摅性灵，也是该相对的排斥。然则将来新诗的体裁该怎么样呢？第一，四言，五言，七言，长短句，随意选择。第二，骚体，赋体，词体，曲体，都拿来入诗，在长篇里头，只要调和得好，各体并用也不妨。第三，选词以最通行的为主，俚语俚句，不妨杂用，只要能调和。第四，纯文言体或纯白话体，只要词句显豁简炼，音节谐适，都是好的。第五，用韵不必拘拘于《佩文诗韵》，且至唐韵古音，都不必多管，惟以现在口音谐协为主，但韵却不能没有，没有只好不算诗。白话体自然可用，但有两个条件，应该注意：第一，凡字而及句法有用普通文言可以达意者，不必定换俚字俗语，若有意如此，便与旧派之好换僻字自命典雅者，同属一种习气，徒令文字冗长惹厌。第二，语助辞愈少用愈好，多用必致伤气，便像文言诗满纸"之乎者也"，还成个什么诗呢？若承认这两个条件，那么白话诗和普通文言诗，竟没有很显明的界线。寒山、拾得、白香山，就是最中庸的诗派。我对于白话诗的意见大略如此。

因为研究诗的技术方面，涉及目前一个切要问题，话未免太多了，如今要转向实质方面。我们中国诗家有一个根本的缺点，就是厌世气味太重。我的朋友蒋百里曾有一段话，说道："中国的哲学，北派占优势；可是文学的势力，实在是南派较强。南派的祖宗，就是那怀石沉江的屈子。他的一个厌世观，打动了多少人心。所以贾长沙的哭,李太白的醉,做了文人一种模范。到后来末流,文人自命清高,对于人生实在生活,成一种悲观的态度,好像'世俗'二字和'文学'是死对头一般。"(《改造》第一号《谈外国文学之先决条件》)这段话真是透辟。我少年时亦曾有两句诗,说道:"平生最恶牢骚语,作态呻吟苦恨谁。"(《饮冰室诗稿》)我想,我们若不是将这种观念根本打破,在文学界断不能开拓新国土。第二件,前人都说,诗到唐朝极盛。我说,诗到唐朝始衰。为什么呢?因为唐以诗取士,风气所趋,不管什么人都学诌几句,把诗的品格弄低了。原来文学是一种专门之业,应该是少数天才俊拔而且性情和文学相近的人,摒弃百事,专去研究他,作成些优美创新的作品,供多数人赏玩。那多数人只要去赏玩他,涵养自己的高尚性灵便够了,不必人人都作,这才是社会上人才经济主义。如今却好了,科学既废,社会对于旧派的词章家,带一种轻薄态度,作诗不能换饭吃。从今以后,若有喜欢作诗的人,一定是为文学而研究文学,根柢已经是纯洁高尚了。加以现代种种新思潮输入,人生观生大变化,往后做文学的人,一定不是从前那种消极理想。所以我觉得,中国诗界大革命,时候是快到了。其实就以中国旧诗而论,那几位大名家所走的路,并没有错。其一,是专玩味天然之美,如陶渊明、王摩诘、李太白、孟襄阳一派。其二,是专描写社会实状,如杜工部、白香山一派。中国最好的诗,大都不出这两途;还要把自己真性情表现在里头，就算不朽之作。往后的新诗家，只要把个人叹老嗟卑和无聊的应酬交际之作一概删汰，专从天然之美和社会实相两方面着力，而以新理想为之主干，自然会有一种新境界出现。至于社会一般人，虽不必个个都作诗，但诗的趣味，最要涵养，如此然后在这实社会上生活，不至干燥无味，也不至专为下等娱乐所夺，致品格流于卑下。这是我对于诗的第三种见解。

金、黄两先生的诗，能够完全和我理想上的诗相合吗？还不能，但总算有几分近似了。我如今要把两先生所遭值的环境和他个人历史简单叙述，再对于他的诗略下批评。（未完）

（1920年作。
原载《饮冰室合集》第五册第四十三，中华书局1989年版。）

论小说与群治之关系

欲新一国之民，不可不先新一国之小说。故欲新道德，必新小说；欲新宗教，必新小说；欲新政治，必新小说；欲新风俗，必新小说；欲新学艺，必新小说；乃至欲新人心，欲新人格，必新小说。何以故？小说有不可思议之力支配人道故。

吾今且发一问：人类之普通性，何以嗜他书不如其嗜小说？答者必曰：以其浅而易解故，以其乐而多趣故。是固然；虽然，未足以尽其情也。文之浅而易解者，不必小说，寻常妇孺之函札，官样之文牍，亦非有艰深难读者存也，顾谁则嗜之？不宁惟是，彼高才赡学之士，能读《坟》《典》《索》《邱》，能注虫鱼草木，彼其视渊古之文，与平易之文，应无所择，而何以独嗜小说？是第一说有所未尽也。小说之以赏心乐事为目的者固多，然此等顾不甚为世所重。其最受欢迎者，则必其可惊、可愕、可悲、可感，读之而生出无量噩梦，抹出无量眼泪者也。夫使以欲乐故而嗜此也，而何为偏取此反比例之物而自苦也？是第二说有所未尽也。吾冥思之，穷鞫之，殆有两因：凡人之性，常非能以现境界而自满足者也。而此蠢蠢躯壳，其所能触能受之境界，又顽狭短局而至有限也。故常欲于其直接以触以受之外，而间接有所触有所受，所谓身外之身，世界外之世界也。此等识想，不独利根众生有之，即钝根众生亦有焉。而导其根器使日趋于钝、日趋于利者，其力量无大于小说。小说者，常导人游于他境界，而变换其常触常受之空气者也。此其一。人之恒情，于其所怀抱之想象，所经阅之境界，往往有行之不知、习矣不察者；无论为哀、为乐、为怨、为怒、为恋、为骇、为忧、为惭，常若知其然而不知其所以然。欲摹写其情状，而心不能自喻，口不能自宣，笔不能自传。有人焉和盘托出，彻底而发露之，则拍案叫绝曰：善哉善哉，如是如是。所谓"夫子言之，于我心有戚戚焉"。感人之深，莫此为甚。此其二。此二者实文章之真谛，笔舌之能事。苟能批此窾、导此窍，则无论为何等之文，皆足以移人。而诸文之中能极其妙而神其技者，莫小说若，故曰小说为文学之最上乘也。由前之说，则理想派小说尚焉；由后之说，则写实派小说尚焉。小说种目虽多，未有能出此两派范围外者也。

抑小说之支配人道也，复有四种力。一曰熏。熏也者，如入云烟中而为其所烘，如近墨朱处而为其所染。《楞伽经》所谓"迷智为识，转识成智"者，皆恃此力。人之读一小说也，不知不觉之间，而眼识为之迷漾，而脑筋为之摇飏，而神经为之营注，今日变一二焉，明日变一二焉，刹那刹那，相断相续。久之而此小说之境界，遂入其灵台而据之，成为一特别之原质之种子。有此种子故，他日又更有所触所受者，旦旦而熏之，种子愈盛，而又以之熏他人，故此种子遂可以遍世界。一切器世间、有情世间之所以成、所以住，皆此为因缘也。而小说则巍巍焉具此威德以操纵众生者也。二曰浸。熏以空间言，故其力之大小，存其界之广狭。浸以时间言，故其力之大小，存其界之长短。浸也者，入而与之俱化者也。人之读一小说也，往往既终卷后数日或数旬而终不能释然。读《红楼》竟者必有余恋有余悲，读《水浒》竟者必有余快有余怒。何也？浸之力使然也。等是佳作也，而其卷帙愈繁事实愈多者，则其浸人也亦愈甚。如酒焉，作十日饮，则作百日醉。我佛从菩提树下起，便说偌大一部《华严》，正以此也。三曰刺。刺也者，刺激之义也。熏浸之力利用渐，刺之力利用顿。熏浸之力在使感受者不觉，刺之力在使感受者骤觉。刺也者，能使人于一刹那顷，忽起异感而不能自制者也。我本蔼然和也，乃读林冲雪天三限，武松飞云浦厄，何以忽然发指？我本愉然乐也，乃读晴雯出大观园，黛玉死潇湘馆，何以忽然泪流？我本肃然庄也，乃读实甫之《琴心》《酬简》，东塘之《眠香》《访翠》，何以忽然情动？若是者，皆所谓刺激也。大抵脑筋愈敏之人，则其受刺激力也愈速且剧，而要之必以其书所含刺激力之大小为比例。禅宗之一棒一喝，皆利用此刺激力以度人者也。此力之为用也，文字不如语言。然语言力所被不能广不能久也，于是不得不乞灵于文字。在文字中，则文言不如其俗语，庄论不如其寓言。故具此力最大者，非小说末由。四曰提。前三者之力，自外而灌之使人。提之力，自内而脱之使出，实佛法之最上乘也。凡读小说者必常若自化其身焉，入于书中，而为其书之主人翁。读《野叟曝言》者必自拟文素臣，读《石头记》者必自拟贾宝玉，读《花月痕》者必自拟韩荷生若韦痴珠，读《梁山泊》者必自拟黑旋风若花和尚。虽读者自辩其无是心焉，吾不信也。夫既化其身以入书中矣，则当其读此书时，此身已非我有，截然去此界以入于彼界，所谓华严楼阁，帝网重重，一毛孔中万亿莲花，一弹指顷百千浩劫，文字移人，至此而极。然则吾书中主人翁而华盛顿，则读者将化身为华盛顿；主人翁而拿破仑，则读者将化身为拿破仑；主人翁而释迦、孔子，则读者将化身为释迦、孔子，有断然也。度世之不二法门，岂有过此！此四力者，可以卢牟一世，亭毒群伦，教主之所以能立教门，政治家所以能组织政党，莫不赖是。文家能得其一，则为文豪；能兼其四，则为文圣。有此四力而用之于善，则可以福亿兆人；有此四力而用之于恶，则可以毒万千载。而此四力所以最易寄者惟小说。可爱哉小说！可畏哉小说！

小说之为体，其易入人也既如彼，其为用之易感人也又如此，故人类之普通性，嗜他文终不如其嗜小说。此殆心理学自然之作用，非人力之所得而易也；此天下万国凡有血气者莫不皆然，非直吾赤县神州之民也。夫既已嗜之矣，且遍嗜之矣,则小说之在一群也,既已如空气如菽粟,欲避不得避,欲屏不得屏,而日日相与呼吸之餐嚼之矣。于此其空气而苟含有秽质也,其菽粟而苟含有毒性也,则其人之食息于此间者,必憔悴,必萎病,必惨死,必堕落,此不待蓍龟而决也。于此而不洁净其空气,不别择其菽粟,则虽日饵以参苓,日施以刀圭,而此群中人之老病死苦,终不可得救。知此义,则吾中国群治腐败之总根原,可以识矣。吾中国人状元宰相之思想何自来乎?小说也。吾中国人佳人才子之思想何自来乎?小说也。吾中国人江湖盗贼之思想何自来乎?小说也。吾中国人妖巫狐鬼之思想何自来乎?小说也。若是者,岂尝有人焉提其耳而诲之,传诸钵而授之也?而下自屠爨贩卒、妪娃童稚,上至大人先生、高才硕学,凡此诸思想必居一于是,莫或使之,若或使之,盖百数十种小说之力,直接间接以毒人,如此其甚也。(即有不好读小说者,而此等小说,既已渐渍社会,成为风气,其未出胎也,固已承此遗传焉;其既入世也,又复受此感染焉,虽有贤智,亦不能自拔:故谓之间接。)今我国民惑堪舆,惑相命,惑卜筮,惑祈禳,因风水而阻止铁路、阻止开矿,争坟墓而阖族械斗、杀人如草,因迎神赛会而岁耗百万金钱,废时生事,消耗国力者,曰惟小说之故。今我国民慕科第若膻,趋爵禄若鹜,奴颜婢膝,寡廉鲜耻,惟思以十年萤雪、暮夜苞苴,易其归骄妻妾、武断乡曲一日之快,遂至名节大防,扫地以尽者,曰惟小说之故。今我国民轻弃信义,权谋诡诈,云翻雨覆,苛刻凉薄,驯至尽人皆机心，举国皆荆棘者，曰惟小说之故。今我国民轻薄无行，沉溺声色，缱绻床笫，缠绵歌泣于春花秋月，销磨其少壮活泼之气，青年子弟，自十五岁至三十岁，惟以多情多感多愁多病为一大事业，儿女情多，风云气少，甚者为伤风败俗之行，毒遍社会，曰惟小说之故。今我国民绿林豪杰，遍地皆是，日日有桃园之拜，处处为梁山之盟，所谓"大碗酒，大块肉，分秤称金银，论套穿衣服"等思想，充塞于下等社会之脑中，遂成为哥老、大刀等会，卒至有如义和拳者起，曰惟小说之故。呜呼！小说之陷溺人群，乃至如是，乃至如是！大圣鸿哲数万言谆诲之而不足者，华士坊贾一二书败坏之而有余。斯事既愈为大雅君子所不屑道，则愈不得不专归于华士坊贾之手。而其性质其位置，又如空气然，如菽粟然，为一社会中不可得避、不可得屏之物，于是华士坊贾，遂至握一国之主权而操纵之矣。呜呼！使长此而终古也，则吾国前途，尚可问耶，尚可问耶！故今日欲改良群治，必自小说界革命始！欲新民，必自新小说始！

（原载《新小说》1902年11月14日第一号。）

功利主义对于每做一件事之后必要问：

"有什么效果？"

"知不可而为"主义便答道：

"不管它有没有效果。"

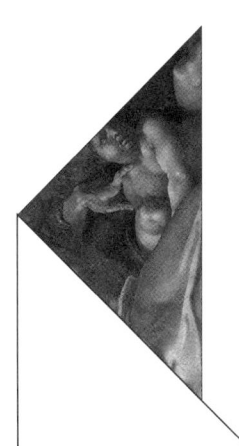

第四编
认识自己

甚么是"我"

奇怪！谁不知道我就是我？要你来问？你这个题目就好生不通呀。

诸君别忙，听我说来。当初有人问我这句话，我何尝不是拿手指着鼻子冲口而出的答应道"我就是我"。后来经多少年仔细看来，从前我叫做"我"的，渐渐觉得不像是"我"，从前不叫做"我"的，倒有些很像是"我"。把我越闹越糊涂起来，跟着就烦闷起来了。所以如今要拿这不通的题目，向诸君请教请教。

寻常人叫做"我"的，自然是指这肉体。这肉体到底是我不是呢？佛世尊说得好："我今此身，四大和合。发毛爪齿皮肉筋骨髓脑垢色，皆归于地。唾涕脓血津液涎沫痰泪精气大小便利，皆归于水。暖气归火，动转归风。四大各离，今者妄身当在何处？"诸君别要因为我是信仰佛教的人笑我说话总带些宗教臭味。其实这种道理，拿极普通极粗浅的科学，都可以证明。如今中小学校稍肯用功的学生，哪一个不知道人身是数十种原质和合而成；哪一个不知道人身内有无量无数细胞，个个细胞，都有它的知觉运动；哪一个不知道我们身上的骨肉精血新陈代谢，现时身上所含物质，不到一个来复便蜕换净尽，全然变了一种新物质。这样看来，我们若是拿这一层皮包着几十斤肉的那件东西叫做是我，那么几十种原质便可以变成几十个我，几万万的细胞便可以变成几万万个我，一个来复以前的我，便全然不是一个来复以后的我，说来说去，还不是把这个我闹得没有了吗？两三岁的小孩，他每每把他的鞋咧帽咧衣服咧玩具咧，看着和他的眼耳口鼻手足一样，认成他是我体之一部分。到长大了，智识渐开扩，观念渐明了，才能将身体和身体的附属物生出一种分别来。但再想深一层，那将身体的附属物认做我的固然可怜，就是将身体认做我的也何尝不可笑？这皮囊里头几十斤肉，原不过是我几十年间借住的旅馆。那四肢五官，不过是旅馆里头应用的器具。自然另外还有个住旅馆的人使用器具的人，这个总算是我。那旅馆和器具，不是我，只是物。《孟子》里头有"物交物则引之而已矣"这两句话，最说得好。他上一个"物"字指的是身外之物，下一个"物"字就指的是五官四体。（他上文说：耳目之官不思而蔽于物。故知下"物"字即指耳目之官了。）这蠢蠢然几十斤重的一件物，何尝是我来。因为我们一向硬说他是我，所以尽着奉承他袒护他。因为他的肮脏，倒带累了我的纯洁。因为他的快乐，倒作成了我的苦恼。这就是我中国古书说的"小人役于物"，亦即是佛经说的

"认贼为子",也即是和那小孩子把鞋帽玩物等等认做我的差不多一般见识。我们从今以后再不要上当说他是我了。但他既然不是我,我却跑到哪里去了呢?

因甚么有这"我"字,不是"人"字的对待名词吗?没有别人,怎显得出有我?可见"我自己"和"别人"这两个观念,分明是对抗的了。但说也奇怪,无论甚么人,口里心里,常常拿别人当做"我"。你不信吗,我们口里头不但有一个"我"字,还有"我们"这两个字。这"我们"两个字,便是拉了别人来做"我"的一部分。好像没有添入别人,这个"我"就不能圆满。是不是呢?但讲到"我们",这范围可就广了。两个人也算"我们",一家八口,也算"我们",和几十几百人偶然凑集在一处,也算"我们",合几千万人在一个学问的或宗教的或慈善的或政治的团体里头,也算"我们",合几万万人在一个国家里头,也算"我们",乃至合全世界所有人类,也算"我们",乃至和过去几千年以前的人,和将来几千年以后的人,也算"我们"。"我"的观念和"别人"的观念,不消说是显然有分别。却是"我"的观念和"我们"的观念,要清清楚楚画个界限,可就难了。譬如说我身我家我国,这些是属于"我的"呢,还是属于"我们的"呢?身自然可以说是我的身,家便不能不说是我们的家,国便不能不说是我们的国。又如说我妻子,妻自然该说是我的妻,子便不能不说是我们的子。若要严格地讲,单是我才叫做我,"我们"便不叫做我。这"我"字的范围,那就迫窄得很,恐怕就要变成"无我"了。其实人人心目中的"我"字,并非从这等狭义的解释。"我们"就是"我",却是一般人向来所公认。试把最浅近的例来说明:刚才所讲我妻我子两个观念,谁能说有轻重亲疏的分别。不惟如是,就是我身我家这两个观念,在普通一般人心中,也并未尝有甚么轻重亲疏的分别。这样说来,"我"字的意义,并非不许有别人添在里头,而且十有九非把别人添在里头不可。这却是甚么缘故呢?

唉!真真叫我烦闷!真真叫我惊疑!我这宝贝似的几十斤肉,从前一口咬定说他是我。算来算去,的确不是我了。摆在面前这许多人,分明是个别人。忽然和他一个拼起来变成个"我",忽然和他几个拼起来变成个"我",忽然和他几十几百几千几万几万万个拼起来变成个"我",忽然和普天之下往古来今所有的人都拼起来变成个"我"。这是从何说起,到底世界上还有这个"我"没有呢?若说还有,毕竟甚么样才叫做"我"呢?

诸君见谅,小子学识浅陋,实在还够不上彻底解释这个问题,但我想这个"我"字,本来是和客观对待生出来主观的一种抽象名词。既已属于主观的,自然各人各人的主观不同,各人心中"我"字的意义,自然该千差万别。所以小孩的"我",和成人的"我",截然两样。俗人的"我",和豪杰的"我",和圣贤的"我",截然两样。"我"的分量大小,和那人格的高下，文化的浅深，恰恰成个比例。譬如最劣等的人，他简直光拿皮囊里几十斤肉当做"我"，余外都不算是我，所以他的行为，就成了一种极端利己主义，甚么罪恶都做出来。稍高等的，他的"我"便扩大了，就要拉别人来做"我"的一部分。即如最普通的妇人，她会把她儿子看成和她一样，儿子欢喜她便欢喜，儿子苦痛她便苦痛，儿子病她愿意替他病，儿子死她愿意替他死。这儿子不是显然别一个人吗？却是普天下做母亲的，向来就没有把儿子当做"他"，只是将儿子和自己拼起来合成一个"我"。据伦理学的普通学说，都说有利我利他两种道德。那母亲爱护儿子，你说是利他呀还是利我呢？其实还是利我，不过"我"的范围放大便了。他为甚么会把他这"我"的范围放大呢？并不是靠甚么教育，更没有丝毫勉强，因为我的分量，本来不是孤丁丁的一个肉体就可以圆满的，总要拉别人来做"我"的一部分，这个"我"才觉得舒帖。那孝子为甚么孝父母，因为他实实在在把父母和自己拼成了一个"我"。兄弟夫妇为甚么亲爱，因为兄和弟、夫和妇实实在在拼成了一个"我"。寻常人为甚么个个都会爱家，因为他实实在在觉得这家变成了一个"我"，将这家剔去，他觉得他的"我"便不完全了。有教育的国民，为甚么个个都会爱国，因为他实实在在觉得这国变成了一个"我"，将这国剔去，他觉得他的"我"便不完全了。再进一层讲到绝顶高尚的道德。孟子说的"禹思天下有溺者犹己溺，稷思天下有饥者犹己饥"，佛菩萨说的"有一众生不成佛者我誓不成佛",须知这并不是大言欺人,他实实在在觉得天下众生都变成了一个"我",像母亲看待儿子一般,有同命一体不可离的关系,便要不爱他,能够不爱吗?我们听见国民一体、众生一体这些话,总觉得大而无当,以为各人分明有各人的别体,如何能把他合成一体,殊不知母子一体,家人一体,都是眼面前有凭有据的事实。这还不是把两个或几个的别体合成一体吗?有何奇特?两个或几个别体合得来,为甚么几千几万个别体就合不来呢?其实拼合许多人才成个"我",乃是"真我"的本来面目。为甚么呢?因为这个"我"本来是个超越物质界以外的一种精神记号。这种精神,本来是普遍的。这一个人的"我"和那一个人的"我",乃至和其他同时千千万万人的"我",乃至和往古来今无量无数人的"我",性质本来是同一。不过因为有皮囊里几十斤肉那件东西把他隔开,便成了这是我的"我",那是他的"我"。然而这几十斤肉隔不断的时候,实到处发现,碰着机会,这同性质的此"我"彼"我",便拼合起来。于是于原有的旧"小我"之外,套上一层新的"大我"。再加扩充,再加拼合,又套上一层更大的"大我"。层层扩大的套上去,一定要把横尽处空竖尽来劫的"我"合为一体,这才算完全无缺的"真我",这却又可以叫做"无我"了。孟子说的"万物皆尽于我",佛说的"一切众生同一佛性",就是这个道理。

然则"甚么是我"这问题到底怎么解答呢？我还是依着诸君所说的答道"我就是我"。若再要我下一转语来，我便答道"无我就是我"。

（原载《时事新报》1918年12月20日。）

孔子之人格

我屡说孔学专在养成人格。凡讲人格教育的人，最要紧是以身作则，然后感化力才大。所以我们要研究孔子的人格。

孔子的人格，在平淡无奇中现出他的伟大，其不可及处在此，其可学处亦在此。前节曾讲过，孔子出身甚微。《史记》说："孔子贫且贱。"他自己亦说吾少也贱。（孟子说孔子为委吏，乘田皆为贫而仕。）以一个异国流寓之人，而且少孤，幼年的穷苦可想，所以孔子的境遇，很像现今的苦学生，绝无倚靠，绝无师承，全恃自己锻炼自己，渐渐锻成这么伟大的人格。我们读释迦、基督、墨子诸圣哲的传记，固然敬仰他的为人，但总觉得有许多地方，是我们万万学不到的。惟有孔子，他一生所言所行，都是人类生活范围内极亲切有味的庸言庸行，只要努力学他，人人都学得到。孔子之所以伟大就在此。

近世心理学家说，人性分智（理智）、情（情感）、意（意志）三方面。伦理学家说，人类的良心，不外由这三方面发动。但各人各有所偏，三者调和极难。我说，孔子是把这三件调和得非常圆满，而且他的调和方法，确是可模可范。孔子说："知仁勇三者，天下之达德。"又说："知者不惑，仁者不忧，勇者不惧。"知，就是理智的作用；仁，就是情感的作用；勇，就是意志的作用。我们试从这三方面分头观察孔子。

（甲）孔子之知的生活　孔子是个理智极发达的人。无待喋喋，观前文所胪列的学说，便知梗概。但他的理智，全是从下学上达得来。试读《论语》"吾十有五"一章，逐渐进步的阶段，历历可见。他说："我非生而知之者，好古敏以求之者也。"又说："十室之邑，必有忠信如丘者焉，不如丘之好学也。"可见孔子并不是有高不可攀的聪明智慧。他的资质，原只是和我们一样；他的学问，却全由勤苦积累得来。他又说："君子食无求饱，居无求安，敏于事而慎于言，就有道而正焉。可谓好学也已矣。"解释"好学"的意义，是不贪安逸、少讲闲话、多做实事，常常向先辈请教，这都是最结实的为学方法。他遇有可以增长学问的机会，从不肯放过。郯子来朝，便向他问官制。在齐国遇见师襄，便向他学琴。入到太庙，便每事问。那一种遇事留心的精神，可以想见。他说："学如不及，犹恐失之。"又说："学之不讲，是吾忧也。"可见他真是以学问为性命，终身不肯抛弃。他见老子时，大约五十岁了，各书记他们许多问答的话，虽不可尽信，但他虚受的热忱，真是少有了。他晚年读《易》韦编三绝，还恨不得多活几年，好加功研究。他的《春秋》，就是临终那一两年才著成。这些事绩，随便举一两件，都可以鼓励后人向学的勇气。像我们在学堂毕业，就说我学问完成，比起孔子来，真要愧死了。他自己说"其为人也，发愤忘食，乐以忘忧，不知老之将至"云尔。可见他从十五岁到七十三岁，无时无刻不在学问之中。他在理智方面，能发达到这般圆满，全是为此。

（乙）孔子之情的生活　凡理智发达的人，头脑总是冷静的，往往对于世事，作一种冷酷无情的待遇，而且这一类人，生活都会单调性，凡事缺乏趣味。孔子却不然。他是个最富于同情心的人，而且情感很易触动。子食于有丧者之侧，未尝饱也；子见齐衰者，虽狎必变，凶服必式之。可见他对于人之死亡，无论识与不识，皆起恻隐，有时还像神经过敏。朋友死，无所归。子曰："于我殡。"孔子之卫，遇旧馆人之丧，入而哭之，一哀而出涕。颜渊死，子哭之恸。这些地方，都可证明孔子是一位多血多泪的人。孔子既如此一往情深，所以哀民生之多艰，日日尽心，欲图救济。当时厌世主义盛行，《论语》所载避地避世的人很不少。那长沮说："滔滔者，天下皆是也。而谁与易之？"孔子却说："鸟兽不可与同群，吾非斯人之徒与而谁与？天下有道，丘不与易也。"可见孔子栖栖皇皇，不但是为义务观念所驱，实从人类相互间情感发生出热力来。那晨门虽和孔子不同道，他说"是知其不可而为之者与"，实能传出孔子心事。像《论语》所记那一班隐者，理智方面都很透亮，只是情感的发达，不及孔子。（像屈原一流情感又过度发达了。）

孔子对于美的情感极旺盛，他论韶武两种乐，就拿尽美和尽善对举。一部《易》传，说美的地方甚多。（如乾之以美利利天下，如坤之美在其中。）他是常常玩领自然之美，从这里头，得着人生的趣味。所以他说："天何言哉？四时行焉，百物生焉。天何言哉！"说："知者乐水，仁者乐山。"前节讲的孔子赞《易》全是效法自然，就是这个意思。曾点言志，说"浴乎沂，风乎舞雩，咏而归。"孔子喟然叹曰："吾与点也。"为什么叹美曾点，因为他的美感，能唤起人趣味生活。孔子这种趣味生活，看他笃嗜音乐，最能证明。在齐闻韶，闹到三月不知肉味，他老先生不是成了戏迷吗？子于是日哭，则不歌。可见他除了有特别哀痛时，每日总是曲子不离口了。子与人歌而善，必使反之而后和之，可见他最爱与人同乐。孔子因为认趣味为人生要件，所以说"不亦说乎？""不亦乐乎？"，说"乐以忘忧"，说"知之者不如好之者，好之者不如乐之者"。一个"乐"字，就是他老先生自得的学问。我们从前以为他是一位干燥无味方严可悃的道学先生，谁知不然。他最喜欢带着学生游泰山游舞雩，有时还和学生开玩笑呢！（夫子莞尔……前言戏之耳！）《论语》说"子温而厉，威而不猛，恭而安"，正是表现他的情操恰到好处。

（丙）孔子之意的生活　凡情感发达的人，意志最易为情感所牵，不能强立。孔子却不然，他是个意志最坚定强毅的人。齐鲁夹谷之会，齐人想用兵力劫制鲁侯，说孔丘知礼而无勇,以为必可以得志。谁知孔子拿出他那不畏强御的本事,把许多伏兵都吓退了。又如他反对贵族政治,实行堕三都的政策,非天下之大勇,安能如此?他的言论中,说志说刚说勇说强的最多。如"三军可夺帅也,匹夫不可夺志也",这是教人抵抗力要强,主意一定,总不为外界所摇夺。如"君子和而不流,强哉矫。中立而不倚,强哉矫。国有道,不变塞焉,强哉矫。国无道,至死不变,强哉矫",都是表示这种精神。又说:"志士仁人,无求生以害仁,有杀身以成仁。"又说:"志士不忘在沟壑,勇士不忘丧其元。"教人以献身的观念,为一种主义或一种义务,常须存以身殉之之心。所以他说"仁者必有勇",又说"见义不为无勇也",可见讲仁讲义,都须有勇才成就了。孔子在短期的政治生活中,已经十分表示他的勇气,他晚年讲学著书,越发表现这种精神。他自己说:"学而不厌,诲人不倦。"这两句语看似寻常,其实不厌不倦,是极难的事。意志力稍为薄弱一点的人,一时鼓起兴味做一件事,过些时便厌倦了。孔子既已认定学问教育是他的责任,一直到临死那一天,丝毫不肯松劲。不厌不倦这两句话,真当之无愧了。他赞《易》,在第一个乾卦,说"天行健,君子以自强不息"。"自强"是表意志力,"不息"是表这力的继续性。

以上从知情意即知仁勇三方面分析综合、观察孔子。试把中外古人别的伟人哲人来比较,觉得别人或者一方面发达的程度过于孔子,至于三方面同时发达到如此调和圆满,直是未有其比。尤为难得的，是他发达的径路，很平易近人，无论什么人，都可以学步。所以孔子的人格，无论在何时何地，都可以做人类的模范。我们和他同国，做他后学，若不能受他这点精神的感化，真是自己辜负自己了。

（节选自《孔子》，1920年作。
原载《饮冰室合集》第八册第三十六，中华书局1989年版。）

老子的学说

我很感觉困难,因为才讲到正文,讲的便是老子。老子的学说,是最高深玄远的,而且骤然看去很像无用,恐怕把诸君的兴味打断了。所以,我先奉劝诸君几句话。头一件,诸君虽然听得难懂,还须越发留心听下去。因为你的脑有一种神秘力,会贮藏识想,久后慢慢发芽。你现在虽不懂,将来要懂起来,我的讲义总可以给你一个大帮助,像吃橄榄,慢慢的会回甘哩。第二件,诸君别要说这种学问无用。因为我们要做事业要做学问,最要紧是把自己神智弄得清明,正和做生意的人要有本钱一般,像老子、庄子乃至后来的佛学,都是教我们本钱的方法。我第一次讲学问分类的时候,说那第二类精神生活向上的学问,一部分就是指这些。这些操练心境的学问,恰恰和你们学体育来操练身体一般,万不可以说他无用。

如今讲到本题了。研究老子学说就是研究这部"五千言的《老子》"。这部书有人叫他做《道德经》,虽然是后起的名称,但他全部讲的不外一个"道"字,那是无可疑了。这书虽然仅有五千字，但含的义理真多。我替诸君理出个眉目，分三大部门来研究：第一部门是说道的本体，第二部门是说道的名相，第三部门是说道的作用。

第一　本体论

什么叫做本体论？人类思想到稍为进步的时代，总想求索宇宙万物从何而来，以何为体？这是东西古今学术界久悬未决的问题。据我想来，怕是到底不能解决。但虽然不能解决，学者还是喜欢研究他。研究的结果，虽或对于解决本问题枉用工夫，然而引起别方面问题的研究，于学术进步，就极有关系了。今为引起诸君兴味起见，要把全世界学术界对于这问题的大势，用最简略的语句稍为说明。

这个问题最初的争辩，就是有神论和无神论。有神论一派，说宇宙万有都是神创造的。然则宇宙无体，神就是他的体，我们不必研究宇宙，只要研究"神"就够了。但"神"这样东西，却是只许信仰，不许研究。所以主张有神论的，归根便到学问范围以外。总要无神论发生，学问才会成立，所谓"本体论"才会成个问题。第二步的争辩，就是一元论、二元论、多元论——或是唯物论、唯心论、心物并行论。其错综关系略如下：

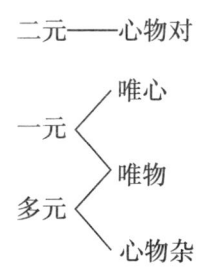

```
             二元——心物对
                  ╱ 唯心
             一元╱
                ╲  唯物
             多元
                  ╲ 心物杂
```

  既已将神造论打破，则万有的本体，自然求诸万有的自身。最初发达的，是从客观上求，于是有一元的唯物论或多元的唯物论。一元的唯物论，当很幼稚的时代，是在万物中拈出一物认他为万物之本。如希腊的德黎士（Thales），说水为万物之本，波斯教说火为万物之本，印度有地宗、水宗、火宗、风宗、空宗、方宗、时宗等。多元的唯物论，如中国阴阳家言"五行化生万物"，印度顺世外道言"四大（地、水、火、风）生一切有情"等。还有心物混杂的多元论，如印度胜论宗说万有由九种事物和合而生：一地，二水，三火，四风，五空，六时，七方，八我，九意。但多元论总是不能成立，因为凡研究本体的人，原是要求个"一以贯之"的道理，这种又麻烦又有罅漏的学说，自然不能满意。所以主张唯物论的人，结果趋向到一元。印度诸外道所说的"极微"，近世欧美学者说原子的析合、电子的振动，算是极精密之一元的唯物论了。以上所说各派的人，都是向客观的物质求宇宙本体。但仔细研究下去，客观的物质是否能独立存在，却成了大问题。譬如这里一张桌子、一块黑板，拿常识看过去，都说是实有其物。但何以说他是有，是由我的眼看见，由我的心想到，然则桌子、黑板，是否能离开了我们意识独立存在？假如我们一群人都像桌子一般没有意识，是否世界上还能说有这块黑板？我们一群人都像黑板一般没有意识，是否世界上还能说有这张桌子？再换一方面说，诸君今日听我说了桌子、黑板之后，明天虽然把这桌子、黑板撤去，诸君闭眼一想，桌子、黑板依然活活现出来，乃至隔了许多年，诸君离开学校到了外国，一想起今日的情事，桌子、黑板还牢牢在诸君心目中。这样说来，桌子、黑板的存在，不是靠他的自身，是靠我们的意识。简单说，就是只有主观的存在，没有客观的存在。这一派的主张，就是唯心的一元论。在欧洲哲学史上，唯物、唯心两派的一元论，直闹了二千多年，始终并未解决，其中还常常有心物对立的二元论来调和折中，议论越发多了。

再进一步，本体到底是"空"呀还是"有"呢？又成了大问题。主张唯物论的，骤看过去，好像是说"有"了，但由粗的物质推到原子，由原子推到电子，电子的振动，全靠那视而不见听而不闻的"力"，到底是"有"还是"空"，就很难说了。主张唯心论的，骤看过去，好像是说"空"了，但唯心论总靠我自己做出发点，我到底有没有呢？若是连我都没有，怎么能用思想呢？所以法国大哲笛卡儿有句很有名的话，说："我思故我在。"我既不"空"，那么，宇宙本体，自然也都不

"空"了。所以这"空有"的问题,也打了几千年官司,没有决定。

这是印度人和欧洲人研究本体论的大略形势。

佛说却和这些完全不同。佛说以为什么神咧,非神咧,物咧,心咧,空咧,有咧,都是名相上的话头。一落名相,便非本体。本体是要离开一切名相才能证得的。《大乘起信论》说得最好:"依一心法有二种门,一者心真如门,二者心生灭门,是二种门皆各总摄一切法。……以是二门不相离故。"

心真如门是说本体,心生灭门是说名相。真如的本体怎么样呢?他说:"是故一切法,从本已来,离言说相,离名字相,离心缘相,毕竟平等。无有变异,不可破坏。唯是一心,故名真如。以一切言说假名无实,但随妄念,不可得故。言真如者,亦无有相。谓言说之极,因言遣言,此真如体无有可遣,以一切法悉皆真故,亦无可立,以一切法皆同如故。当知一切法不可说,不可念,故名为真如。"

我们且看老子的本体论怎么说法?他说:"有物混成,先天地生,寂兮寥兮,独立而不改,周行而不殆,可以为天下母。吾不知其名,字之曰'道',强名之曰'大'。"

又说:"天法道,道法自然。"

又说:"谷神不死,是谓玄牝。玄牝之门,是谓天地根,绵绵若存,用之不勤。"

又说:"玄之又玄,众妙之门。"

又说：“道冲而用之，或不盈，渊兮似万物之宗，……湛兮似或存。吾不知谁之子，象帝之先。”

又说：“视之不见名曰夷，听之不闻名曰希，搏之不得名曰微，此三者不可致诘，故混而为一。……绳绳不可名，复归于无物，是谓无状之状，无物之象，是谓惚恍。迎之不见其首，随之不见其后。”

又说：“道之为物，惟恍惟惚。惚兮恍兮，其中有象。恍兮惚兮，其中有物。窈兮冥兮，其中有精。其精甚真，其中有信。”

又说：“微妙玄通，深不可识，夫唯不可识，故强为之容。”

我们要把这几段话细细的研究出个头绪来。他说的"先天地生"，说的"是谓天地根"，说的"象帝之先"，这分明说道的本体，是要超出"天"的观念来求他，把古代的"神造说"极力破除。后来子思说"天命之谓性，率性之谓道"，董仲舒说"道之大原出于天"，这都是说颠倒了。老子说的是"天法道"，不说"道法天"，是他见解最高处。

他说："有物混成。"岂不明明说道体是"有"吗？他怕人误会了，所以又说："视之不见，……听之不闻，……搏之不得，……绳绳不可名，复归于无物。"然则道体岂不是"无"吗？他又怕人误会了，赶紧说："是谓无状之状，无物之象。"又说："惚兮恍兮，其中有象。恍兮惚兮，其中有物。"然则道体到底是有还是无呢？老子的意思以为，有咧无咧，都是名相的边话，不应该拿来说本体。正如《起信论》说的："真如自性，非有相，非无相，非非有相，非非无相，非有无俱相。"然则为什么又说有说无呢？所谓"因言遣言"，既已和我们说这"道"，不能不假定说是有物，你径认他是"有"却不对了，不得已说是"非有"。你径认他是"非有"，又不对了，不得已说是"非非有"。其实"有无"两个字都说不上，才开口便错，这是老子反复叮咛的意思。

究竟道的本体是怎么样呢？它是"寂兮寥兮""视之不见，听之不闻，搏之不得"的东西，像《起信论》说的"如实空"。它是"其中有精，其精甚真，其中有信"的东西，像《起信论》说的"如实不空"。它是"独立而不改，周行而不殆"的东西，像《起信论》说的"毕竟平等，无有变异，不可破坏"。它是"可以为天下母""似万物之宗""是谓天地根"的东西，像《起信论》说的"总摄一切法"。《庄子·天下》篇批评老子学说，说他"以虚空不毁万物为实"，这句话最好。若是毁万物的虚空，便成了顽空了，如何能为万物宗、为天地根呢？老子所说，很合着佛教所谓"真空妙有"的道理。

他的名和相，本来是不应该说的，但既已开口说了，只好勉强找些形容词来，所以说："微妙玄通，深不可识。夫惟不可识，故强为之容。"试看他怎么强为之容。他说了许多"寂兮寥兮""窈兮冥兮""惚兮恍兮，恍兮惚兮"，又说"渊兮似……""湛兮似……"，又说"豫焉若……犹然若……俨兮若……涣兮若……敦兮其若……旷兮其若……混兮其若……"。不直说"万物之宗"，但说"似万物之宗"；不直说"帝之先"，但说"象帝之先"；不直说"不盈"，但说"或不盈"；不直说"存"，但说"绵绵若存"。因为说一种相，怕人跟着所说误会了，所以加上种种不定的形容词，叫你别要认真。

"名"，也是这样。他说："吾不知其名，字之曰'道'，强名之曰'大'。"又说："是谓玄牝。"又说："玄之又玄。"又说："无状之状，无象之象，是谓惚恍。"因为立一个名，怕人跟着所立误会了，所以左说一个，右说一个，好像是迷离惝恍，其实是表示不应该立名的意思。

然则我们怎么样才能领会这本体呢？佛经上常说"不可思议"，寻常当作"不能够思议"解，是错了。他说的是"不许思议"，因为一涉思议，便非本体。所以《起信论》说："离念境界，唯证相应。"老子说的，也很有这个意思。他说："知者不言，言者不知。"又说："其出弥远，其知弥少。"又说："为学日益，为道日损，损之又损，以至于无为。"因为要知道道的本体，是要参证得来的，不是靠寻常学问智识得来的，所以他又说："绝学无忧。"

他又说："上士闻道，勤而行之。中士闻道，若存若亡。下士闻道，大笑之。不笑不足以为道也。"道的本体，既然是要离却寻常学问智识的范围去求，据一般人想来，离却学问智识，还求个什么呢？求起来有什么用处呢？怪不得要大笑了。

第二　名相论

本体既是个不许思议的东西，所以为一般人说法，只得从名相上入手。名相剖析得精确，也可以从此悟入真理。佛教所以有法相宗，就是这个缘故。我们且看老子的名相论是怎么样？他的书第一章，就是说明本体和名相的关系。他说道："道可道，非常道。名可名，非常名。无名天地之始，有名万物之母。故常无，欲以观其妙；常有，欲以观其徼。此两者，同出而异名，同谓之玄。玄之又玄，众妙之门。"（断句有与旧不同处应注意。）

这一章本是全书的总纲，把体、相、用三件都提挈起来。头四句是讲的本体，他说："道本来是不可说的，说出来的道，已经不是本来常住之道了。名本来不应该立的，立一个名，也不是真常的名了。"但是既已不得已而立些"名"，那"名"应该怎样分析呢？他第五、六两句说道："姑且拿个'无'字来名那天地之始，拿个'有'字来名那万物之母罢。"上句说的就是《起信论》的"心真如门"，下句说的就是那"心生灭门"，然则研究这些名相有什么用处呢？他第七、第八两句说："我们常要做'无'的工夫，用来观察本来的妙处；又常要做'有'的工夫，用来观察事物的边际。"他讲了这三段话，又怕人将有无分为两事，便错了，所以申明几句，说："这两件本来是同的，不过表现出来名相不同，不同的名叫做有无，同的名叫做什么呢？可以叫做'玄'。"这几句又归结到本体了。（附言：老子书中许多"无"字，最好作"空"字解。"空"者像一面镜，镜内空无一物，而能照出一切物象。老子说的"无"，正是这个意。）

然则名相从哪里来呢？老子以为从人类"分别心"来。他说道："天下皆知美之为美，斯恶已。皆知善之为善，斯不善已。故有无相生，难易相成，长短相较，高下相倾，音声相和，前后相随。"

他的意思是说："怎么能知道有'美'呢？因为拿个'恶'和它比较出来，所以有'美'的观念，同时便有'恶'的观念。怎么能知道有'善'呢？因为拿个'不善'和它比较出来，所以有'善'的观念，同时便有'不善'的观念。所谓'有无''难易''长短''高下''前后'等等名词，都是如此。"他以为，宇宙本体原是绝对的，因这分别心，才生出种种相对的名。所以他又说："自古及今，其名不去，以阅众甫（"阅"同"说"，"众甫"谓万物之始）。吾何以知众甫之然哉？以此。"

意谓："人类既造出种种的名，名一立了，永远去不掉，就拿名来解说万有。我们怎么样能知道万有呢？就靠这些名。"《楞严经》说的"无同异中炽然成异"，即是此意。

既已有名相，那名相的孳生次第怎么样呢？他说："道生一，一生二，二生三，三生万物。"

这段话很有点奇怪，为什么不说"一生万物"呢，为什么不说"一生二，二生万物"呢，又为什么不说"二生四，四生万物"呢？若从表面上文义看来，那演的式是：

$$一 \to 二 \to 三 \to 万物$$

这却有什么道理讲得通呢？我想老子的意思，以为一和二是对待的名词，无"二"则并"一"之名亦不可得。既说个"一"，自然有个"二"和它对待，所以说"一生二"。一二对立，成了两个，由两个生出个"第三个"来，所以说"二生三"。生出来的"三"，成了个独立体，还等于"一"，随即有"二"来和它对待，生的"三"不止一个，个个都还等于"一"，无数的一和二对待，便衍成万了，所以说"三生万物"。今试命一为甲，命二为乙，命所生之三为丙丁戊己等，那演的式应该如下：

$$道 \to \begin{cases} 一（甲）\\ 二（乙）\end{cases} 三 \begin{cases} （丙）= \begin{cases}一（甲）\\二（乙）\end{cases} 三\begin{cases}（庚）=\begin{cases}一（甲）\\二（乙）\end{cases} 三（癸）=一（甲）\\ （辛）=一（甲）\\ （壬）=一（甲）\end{cases}\\ （丁）=（甲）\\ （戊）=（甲）\\ （己）=（甲）\end{cases}$$

生物的雌雄递衍，最容易说明此理。其他一切物象事象，都可以说是由正负两面衍生而来，所以老子说："天地之间，其犹橐籥乎？虚而不屈，动而愈出。"

"天地"即是"阴阳""正负"的代表符号，亦即是"一二"的代表符号。他拿乐器的空管比这阴阳、正负相摩相荡的形相，说他本身虽空洞无物，但动起来可以出许多声音，越出越多。这个"动"字，算得是万有的来源了。

然则这些动相是从那里来呢？是否另外有个主宰来叫他动？老子说："道法自然。"

又说："莫之命而常自然。"

"自然"是"自己如此"，参不得一毫外界的意识。"自然"两个字，是老子哲学的根核，贯通体、相、用三部门。自从老子拈出这两个字，于是崇拜自然的理想，越发深入人心，"自然主义"成了我国思想的中坚了。

老子以为宇宙万物自然而有动相，亦自然而有静相，所以说："万物并作，吾以观复。夫物芸芸，各复归其根，归根曰静。"

"复"字是"往"字的对待名词，"万物并作"，即所谓"动而愈出"，所谓"出而异名"，都是从"往"的方面观察的。老子以为无往不复，从"复"的方面观察，都归到他的"根"。根是什么呢？就是"玄牝之门，绵绵若存"的"天地根"，就是"橐籥"，就是"绳绳不可名，复归于无物"。所以他又说："天下万物生于有，有生于无。"

这是回复到本体论了。若从纯粹的名相论上说，"无"决不能生"有"。老子的意思，以为万有的根，实在那"非有、非无、非非有、非非无"的本体。既已一切俱非，所以姑且从俗，说个"无"字，其实这已经不是名相上的话。

老子既把名相的来历说明，但他以为这名相的观念不是对

的。他说:"民莫之令而自均,始制有名。名亦既有,夫亦将知之,知之所以不治。"(从胡适校本)

这是说:"既制出种种的名,人都知有名,知有名便不治了。"这话怎么讲呢?

他说:"唯之与阿,相去几何?善之与恶,相去何若?"

又说:"名与身孰亲?得与亡孰病?"

又说:"祸兮福之所倚,福兮祸之所伏。……人之迷,其日固已久。"

老子以为名相都由人类的分别心现出来,这种分别心靠得住吗?你说这是善,那是恶,其实善恶就没一定的标准,一定的距离。你想的是得,怕的是失(亡),其实得了有什么好处,失了有什么坏处呢?人人都求福畏祸,殊不知祸就是福,福就是祸。《老子》全部书中,像这类的话很多,都含着极精深的道理。我们试将他"善之与恶,相去何若"这两句来研究一下,譬如欧洲这回大战,法国人恨不得杀尽德国人,德国人恨不得杀尽英国人。试问他,你这种行为是善么?他说,是善呀。为什么是善?他说是我爱国,爱国便是善。其实据我们旁观看起来,或者几十年以后的人看起来,这算得是善吗?又如希伯来人,杀了长子祭天叫做善,不肯杀的叫做恶,到底谁善谁恶呢?又如中国人百口同居叫做善,弟兄分家叫做恶,到底谁善谁恶呢?老子说:"善之与恶,相去何若?"就是此意。他以为标了一个善的标准,结果反可以生出种种不善来,还不如把这种标准除去倒好些。他以为这种善恶的名称，都是人所制的，和自然法则不合，却可恨的"自古及今，其名不去"，故说是"人之迷其日已久"。懂得这点意思，才知道他为什么说"夫礼者，忠信之薄而乱之首"，为什么说"大道废，有仁义。慧智出，有大伪。六亲不和，有孝慈。国家昏乱，有忠臣"，为什么说"天下多忌讳，而民弥贫。民多利器，国家滋昏。人多伎巧，奇物滋起。法令滋彰，盗贼多有"，为什么说"绝圣弃智，民利百倍。绝仁弃义，民复孝慈。绝巧弃利，盗贼无有"。这些都不是诡激之谈，实在含有许多真理哩。

老子以为，这些都是由分别妄见生出来，而种种妄见，皆由"我相"起。所以说："吾所以有大患者，为吾有身。及吾无身，吾有何患。"

这是破除"分别心"的第一要著，连自己的身都不肯自私，那么，一切名相都跟着破了。所以他说："万物将自化，化而欲作，吾将镇之以无名之朴。"

所谓"无名之朴"，就是把名相都破除，复归于本体了。

老子这些话对不对，我且不下批评，让诸君自由研究，但我却要提出一个问题，就是"无名之朴"和"自然主义"有无冲突？老子既说："莫之命而常自然。"那自然的结果，是个"动而愈出""万物并作"。老子对于这所出的所作的，都要绝他、弃他、去他，恐怕不是"自然"罢？我觉得老子学说有点矛盾，不能贯彻之处，就在这一点。

第三　作用论

五千言的《老子》，最少有四千言是讲道的作用，但内中有一句话可以包括一切。就是："常无为而无不为。"

这句话书中凡三见，此外互相发明的话还很多，不必具引。这句话直接的注解，就是卷首那两句："常无，欲以观其妙。常有，欲以观其徼。"常无，就是常无为；常有，就是无不为。

为什么要常无为呢？老子说："三十幅共一毂，当其无，有车之用。埏埴以为器，当其无，有器之用。凿户牖以为室，当其无，有室之用。故有之以为利，无之以为用。"

上文说过，《老子》书中的"无"字，许多当作"空"字解，这处正是如此。寻常人都说空是无用的东西，老子引几个譬喻说，车轮若没有中空的圆洞，车便不能转动。器皿若无空处，便不能装东西。房子若没有空的门户窗牖，便不能出入，不能流通空气。可见空的用处大着哩。所以说："无之以为用。"老子主张无为，那根本的原理就在此。

老子喜欢讲无为，是人人知道的，可惜往往把无不为这句话忘却，便弄成一种跛脚的学说，失掉老子的精神了。怎么才能一面无为，一面又无不为呢？老子说："是以圣人处无为之事，行不言之教。万物作焉而不辞，生而不有，为而不恃，功成而弗居。夫唯弗居，是以不去。"

又说:"明白四达,能无知乎?生之畜之,生而不有,为而不恃,长而不宰,是谓玄德。"

又说:"万物恃之以生而不辞,功成而不居,衣养万物而不为主。"

作而不辞,生而不有,为而不恃,长而不宰(即衣养万物而不为主),功成而不居。这几句话,除上文所引三条外,书中文句大同小异的还有两三处。老子把这几句话三翻四覆来讲,可见是他的学说最重要之点了。这几句话的精意在那里呢?诸君知道,现在北京城里请来一位英国大哲罗素先生,天天在那里讲学吗?罗素最佩服老子这几句话,拿他自己研究所得的哲理来证明。他说:"人类的本能,有两种冲动,一是占有的冲动,一是创造的冲动。占有的冲动,是要把某种事物据为己有。这些事物的性质,是有限的,是不能相容的。例如经济上的利益,甲多得一部分,乙、丙、丁就减少得一部分。政治上权力,甲多占一部分,乙、丙、丁就丧失了一部分。这种冲动发达起来,人类便日日在争夺相杀中,所以这是不好的冲动,应该裁抑的。创造的冲动正和他相反,是要某种事物创造出来,公之于人。这些事物的性质是无限的,是能相容的。例如哲学、科学、文学、美术、音乐,任凭各人有各人的创造,愈多愈好,绝不相妨。创造的人,并不是为自己打算什么好处,只是将自己所得者传给众人,就觉得是无上快乐。许多人得了他的好处,还是莫名其妙,连他自己也莫名其妙。这种冲动发达起来，人类便日日进化，所以这是好的冲动，应该提倡的。"罗素拿这种哲理做根据，说老子的"生而不有，为而不恃，长而不宰"，是专提倡创造的冲动，所以老子的哲学，是最高尚而且最有益的哲学。

我想罗素的解释很对。老子还说："天之道，损有余而补不足。人之道则不然，损不足以奉有余。孰能有余以奉天下？唯有道者。是以圣人为而不恃，功成而不处。"

损有余而补不足，说的是创造的冲动，是把自己所有的来帮助人。损不足以奉有余，说的是占有的冲动，是抢了别人所有的归自己。老子说："什么人才能把自己所有的来贡献给天下人？非有道之士不能了。"老子要想奖励这种"为人类贡献"的精神，所以在全书之末用四句话作结。说道："既以为人己愈有，既以与人己愈多。天之道利而不害，圣人之道为而不争。"

这几句话，极精到又极简明。我们若是专务发展创造的本能，那么，他的结果，自然和占有的截然不同。譬如我拥戴别人做总统做督军，他做了却没有我的分，这是"既以为人己便无"了。我把自己的田产房屋送给人，送多少自己就少多少，这是"既以与人己便少"了。凡属于"占有冲动"的物事，那性质都是如此。至于创造的冲动却不然，老子、孔子、墨子给我们许多名理学问，他自己却没有损到分毫。诸君若画出一幅好画给公众看，谱出一套好音乐给公众听，许多人得了你的好处，你的学问还因此进步，而且自己也快活得很，这不是"既以为人己愈有，既以与人己愈多"吗？老子讲的"无不为"就是指这一类。虽是为实同于无为，所以又说："为无为则无不治。"

篇末一句的"为而不争"，和前文讲了许多"为而不有"，意思正一贯。凡人要把一种物事据为己有，所以有争，"不有"自然是"不争"了。老子又说："上仁为之而无以为。"韩非子解释他，说是："生于心之所不能已也，非求其报也。"（《解老篇》）无求报之心，正是"无所为而为之"，还有什么争呢？老子看见世间人实在争得可怜，所以说：

"天之道不争而善胜。"

"夫唯不争故无尤。"

"上善若水，水善利万物而不争。"

"江海所以能为百谷王者，以其善下之。……以其不争，故天下莫与之争。"

"不自见，故明。不自是，故彰。不自伐，故有功。不自矜，故长。夫唯不争，故天下莫能与之争。"

然则有什么方法叫人不争呢？最要紧是明白"不有"的道理，老子说："天长地久。天地所以能长且久者，以其不自生，故能长生。是以圣人后其身而身先，外其身而身存。非以其无私耶？"

老子提倡这无私主义，就是教人将"所有"的观念打破，懂得"后其身外其身"的道理,还有什么好争呢?老子所以教人破名除相,复归于无名之朴,就是为此。

诸君听了老子这些话,总应该联想起近世一派学说来。自从达尔文发明生物进化的原理,全世界思想界起一个大革命,他在学问上的功劳,不消说是应该承认的。但后来把那"生存竞争优胜劣败"的道理,应用在人类社会学上,成了思想的中坚,结果闹出许多流弊。这回欧洲大战,几乎把人类文明都破灭了,虽然原因很多,达尔文学说,不能不说有很大的影响。就是中国近年,全国人争权夺利像发了狂,这些人虽然不懂什么学问,口头还常引严又陵译的《天演论》来当护符呢!可见学说影响于人心的力量最大,怪不得孟子说"生于其心,害于其政,发于其政,害于其事"了。欧洲人近来所以好研究老子,怕也是这种学说的反动罢。

老子讲的"无为而无不为""为之而无以为"这些学说,是拿他的自然主义做基础产生出来。老子以为,自然的法则,本来是如此,所以常常拿自然界的现象来比方。如说:"天之道利而不害。""天之道不争而善胜。""天之道损有余而补不足。"又说:"上善若水。"都讲的是自然状态和"道"的作用很相合,教人学他。在人类里头,老子以为小孩子和自然状态比较的相近,我们也应该学他,所以说:"专气致柔,能婴儿乎?"又说:"常德不离,复归于婴儿。"又说:"我独泊兮其未兆,如婴儿之未孩。"又说:"圣人皆孩之。"然则小孩子的状态怎么样呢？老子说："含德之厚，比于赤子。……骨弱筋柔而握固。……精之至也。……终日号而不嗄，和之至也。"

小孩子的好处，就是天真烂漫，无所为而为。你看他整天张着嘴在那里哭，像是有多少伤心事，到底有没有呢？没有，这就是"无为"。并没有伤心，却是哭得如此热闹，这就是"无为而无不为"。老实讲，就是一个"无所为"。这"无所为主义"最好。孔子的席不暇暖，墨子的突不得黔，到底所为何来？孔子、墨子若会打算盘，只怕我们今日便没有这种宝贵的学说来供研究了。所以老子又说："众人皆有以，而我独顽似鄙。"说的是"别人都有所为而为之，我却是像顽石一般，什么利害得丧的观念都没有"。老子的得力处就在此。所以他说："以辅万物之自然而不敢为。"又说："成功事遂，百姓皆谓我自然。"

、老子以为自然状态应该如此，他既主张"道法自然"，所以要效法它，于是拿这种理想推论到政术，说道："古之善为道者，非以明民，将以愚之。民之难治，以其智多。故以智治国，国之贼；不以智治国，国之福。"

又说："小国寡民，使有什伯之器而不用，使民重死而不远徙。虽有舟舆，无所乘之。虽有甲兵，无所陈之。使人复绳结而用之，甘其食，美其服，安其居，乐其俗。邻国相望，鸡犬之声相闻，民至老死，不相往来。"

我们试评一评这两段话的价值，"非以明民，将以愚之"

这两句，很为后人所诟病，因为秦始皇、李斯的"愚黔首"，都从这句话生出来，岂不是老子教人坏心术吗？其实老子何至如此？他是个"为而不有"的人，为什么要愚弄别人呢？须知，他并不是光要愚人，连自己也愚在里头。他不说的"我独顽似鄙""我独如婴儿之未孩"吗？他以为，从分别心生出来的智识总是害多利少，不如捐除了他。所以说："以智治国，国之贼；不以智治国，国之福。"这分明说，不独被治的人应该愚，连治的人也应该愚了。然则他这话对不对呢？我说，对不对暂且不论，先要问做得到做不到？小孩子可以变成大人，大人却不会再变成小孩子。想人类由愚变智有办法，想人类由智变愚没有办法。人类既已有了智识，只能从智识方面，尽量的浚发，尽量的剖析，叫他智识不谬误，引到正轨上来，这才算顺人性之自然，"法自然"的主义才可以贯彻。老子却要把智识封锁起来，这不是违反自然吗？孟子说："大人不失其赤子之心。"须知所谓"泊然如婴儿"这种境界，只有像老子这样伟大人物才能做到，如何能责望于一般人呢？像"小国寡民"那一段，算得老子理想上之"乌托邦"。这种乌托邦好不好，是别问题。但问有什么方法能令他出现，则必以人民皆愚为第一条件。这是办得到的事吗？所以司马迁引了这一段，跟着就驳他，说道："神农以前吾不知矣，若至《诗》《书》所述，虞、夏以来，耳目欲极声色之好，口欲穷刍豢之味，身安逸乐，而心矜夸势能之荣，使俗之渐民久矣。虽户说以眇论，终不能化。"(《史记·货殖列传》)这是说老子的理想决然办不到,驳得最为中肯。老子的政术论所以失败,根本就在这一点。失败还不算,倒反叫后人盗窃他的文句,做专制的护符,这却是老子意料不到的了。

老子书中许多政术论,犯的都是这病,所以后人得不着他用处,但都是"术"的错误,不是"理"的错误。像"不有""不争"这种道理,总是有益社会的,总是应该推行的,但推行的方法,应该拿智识做基础,智识愈扩充,愈精密,真理自然会实践。老子要人灭了智识,冥合真理,结果恐怕适得其反哩。

老子教人用功最要紧的两句话,说是:"为学日益,为道日损。"

他的意思说道:"若是为求智识起见,应该一日一日地添些东西上去。若是为修养身心起见,应该把所有外缘逐渐减少他。"这种理论的根据在哪里呢?他说:"五色令人目盲;五音令人耳聋;五味令人口爽;驰骋畋猎,令人心发狂;难得之货,令人行妨。"

这段话对不对呢?我说完全是对的。试举一个例,我们的祖宗晚上点个油灯,两根灯草,也过了几千年了,近来渐渐用起煤油灯,渐渐用起电灯,从十几支烛光的电灯加到几十支、几百支,渐渐大街上当招牌上的电灯,装起五颜六色来,渐渐又忽燃忽灭的在那里闪。这些都是我们视觉渐钝的原因,又是我们视觉既钝的结果。初时因为有了亮灯，把目力漫无节制的乱用，渐渐的消耗多了。用惯亮灯之后，非照样的亮，不能看见。再过些日子，照样的亮也不够了，还要加亮，加——加——加——加到无了期。总之，因为视觉钝了之后，非加倍刺激，不能发动他的本能，越刺激越钝，越钝越刺激，原因结果，相为循环。若照样闹下去，经过几代遗传，非"令人目盲"不可。此外五声五味，都同此理。近来欧美人患神经衰弱病的，年加一年，烟酒等类麻醉兴奋之品，日用日广，都是靠他的刺激作用。文学、美术、音乐，都是越带刺激性的越流行，无非神经疲劳的反响。越刺激，疲劳越甚，像吃辣椒、吃鸦片的人，越吃量越大。所以有人说，这是病的社会状态，这是文明破灭的征兆。虽然说得太过，也不能不算含有一面真理。老子是要预防这种病的状态，所以提倡"日损"主义。又说："治人事天莫若啬。"

韩非子解这"啬"字最好，他说："视强则目不明，听甚则耳不聪，思虑过度则智识乱。……啬之者，爱其精神，啬其智识也。……众人之用神也躁，躁则多费，多费谓之侈。圣人之用神也静，静则少费，少费谓之啬。……神静而后和多，和多而后计得，计得而后能御万物。"(《解老篇》)

这话很能说明老子的精意，老子说："去甚去奢去泰。"说："见素抱朴，少私寡欲。"说："致虚极，守静笃。"都是教人要把精神用之于经济的，节一分官体上的嗜欲，得一分心境上的清明。所以又说："祸莫大于不知足，咎莫大于欲得，故知足之足常足矣。"

凡官体上的嗜欲，那动机都起于占有的冲动，就是老子所谓"欲得"。既已常常欲得，自然常常不会满足，岂不是自寻烦恼？把精神弄得很昏乱，还能够替世界上做事吗？所以老子"少私寡欲"的教训，不当专从消极方面看他，还要从积极方面看他。他又说："知人者智，自知者明，胜人者有力，自胜者强。"自知、自胜两义，可算得老子修养论的入门了。

常人多说老子是厌世哲学，我读了一部《老子》，就没有看见一句厌世的语。他若是厌世，也不必著这五千言了。老子是一位最热心肠的人，说他厌世的，只看见"无为"两个字，把底下"无不为"三个字读漏了。

《老子》书中最通行的话，像那"不敢为天下先""知其雄，守其雌，为天下溪。知其白，守其黑，为天下谷""将欲歙之，必固张之。将欲弱之，必固强之"，都很像是教人取巧。就老子本身论，像他那种"为而不有，长而不宰"的人，还有什么巧可取？不过，这种话不能说他没有流弊，将人类的机心揭得太破，未免教猱升木了。

老子的大功德，是在替中国创出一种有系统的哲学。他的哲学，虽然草创，但规模很宏大，提出许多问题供后人研究。他的人生观，是极高尚而极适用。庄子批评他，说道："以本为精，以末为粗，以有积为不足，澹然独与神明居。……常宽容于物,不削于人,可谓至极,关尹老聃乎?古之博大真人哉!"这几句话可当得老子的像赞了!

(节选自《老子哲学》,1920年作。)

"知不可而为"主义与"为而不有"主义

今天的讲题是两句很旧的话：一句是"知其不可而为之"；一句是"为而不有"。现在按照八股的作法，把他分作两股讲。

诸君读我的近二十年来的文章，便知道我自己的人生观是拿两样事情做基础：（一）"责任心"，（二）"兴味"。人生观是个人的，各人有各人的人生观。各人的人生观不必都是对的，不必于人人都合宜。但我想：一个人自己修养自己，总须拈出个见解，靠他来安身立命。我半生来拿"责任心"和"兴味"这两样事情做我生活资粮，我觉得于我很是合宜。

我是感情最富的人，我对于我的感情都不肯压抑，听其尽量发展。发展的结果，常常得意外的调和。"责任心"和"兴味"都是偏于感情方面的多，偏于理智方面的很少。

"责任心"强迫把大担子放在肩上，是很苦的；"兴味"是很有趣的。二者在表面上恰恰相反，但我常把他调和起来。所以我的生活虽说一方面是很忙乱的，很复杂的；他方面仍是很恬静的，很愉快的。我觉得世上有趣的事多极了。烦闷，痛苦，懊恼，我全没有。人生是可赞美的，可讴歌的，有趣的。我的见解便是：（一）孔子说的"知其不可而为之"和（二）老子的"为而不有"。

"知不可而为"主义、"为而不有"主义和近世欧美通行的功利主义根本反对。功利主义对于每做一件事之先必要问："为什么？"胡适《中国哲学史大纲》上讲墨子的哲学就是要问为什么。"为而不有"主义便爽快的答道："不为什么。"功利主义对于每做一件事之后必要问："有什么效果？""知不可而为"主义便答道："不管他有没有效果。"

今天讲的并不是诋毁功利主义。其实凡是一种主义皆有他的特点，不能以此非彼。从一方面看来，"知不可而为"主义，容易奖励无意识之冲动；"为而不有"主义，容易把精力消费于不经济的地方。这两种主义或者是中国物质文明进步之障碍，也未可知。但在人类精神生活上却有绝大的价值，我们应该发明他享用他。

"知不可而为"主义是我们做一件事明白知道他不能得着预料的效果，甚至于一无效果，但认为应该做的便热心做去。换一句话说，就是做事时候把成功与失败的念头都撇开一边，一味埋头埋脑的去做。

这个主义如何能成立呢？依我想，成功与失败本来不过是相对的名词。一般人所说的成功不见得便是成功,一般人所说的失败不见得便是失败。天下事有许多从此一方面看说是成功,从别一方面看也可说是失败;从目前看可说是成功,从将来看也可说是失败。比方乡下人没见过电话,你让他去打电话,他一定以为对墙讲话,是没效果的;其实他方面已经得到电话,生出效果了。再如乡下人看见电报局的人在那里乓乓乓乓的打电报,一定以为很奇怪,没效果的;其实我们从他的手里已经把华盛顿会议的消息得到了。照这样看来,成败既无定形,这"可"与"不可"不同的根本先自不能存在了。孔子说:"我则异于是,无可无不可。"他这句话似乎是很滑头,其实他是看出天下事无绝对的"可"与"不可",即无绝对的成功与失败。别人心目中有"不可"这两个字,孔子却完全没有。"知不可而为"本来是晨门批评孔子的话,映在晨门眼帘上的孔子是"知不可而为",实际上的孔子是"无可无不可而为"罢了。这是我的第一层的解释。

进一步讲,可以说宇宙间的事绝对没有成功,只有失败。"成功"这个名词,是表示圆满的观念;"失败"这个名词,是表示缺陷的观念。圆满就是宇宙进化的终点,到了进化终点,进化便休止;进化休止不消说是连生活都休止了。所以平常所说的成功与失败不过是指人类活动休息的一小段落。比方我今天讲演完了,就算是我的成功;你们听完了,就算是你们的成功。

到底宇宙有圆满之期没有，到底进化有终止的一天没有？这仍是人类生活的大悬案。这场官司从来没有解决，因为没有这类的裁判官。据孔子的眼光看来，这是六合以外的事，应该"存而不论"。此种问题和"上帝之有无"是一样不容易解决的。我们不是超人，所以不能解决超人的问题。人不能自举其身，我们又何能拿人生以外的问题来解决人生的问题？人生是宇宙的小段片。孔子不讲超人的人生，只从小段片里讲人生。

　　人类在这条无穷无尽的进化长途中，正在发脚蹒跚而行。自有历史以来，不过在这条路上走了一点，比到宇宙圆满时候，还不知差几万万年哩！现在我们走的只是像体操教员刚叫了一声"开步走！"就想要得到多少万万年后的成功，岂非梦想？所以谈成功的人不是骗别人，简直是骗自己！

　　就事业上讲，说什么周公致太平，说什么秦始皇统一天下，说什么释迦牟尼普渡众生。现在我们看看周公所致的太平到底在那里？大家说是周公的成功，其实是他的失败。"六王毕，四海一"，这是说秦始皇统一天下了，但仔细看看，他所统一的到底在那里？并不是说他传二世而亡，他的一分家当完了，就算失败，只看从他以后，便有楚汉之争，三国分裂，五胡乱华，唐之藩镇，宋之辽金，就现在说，又有督军之割据，他的统一之功算成了吗？所以世人所说的一般大成功家，实在都是一般大失败家。再就学问上讲，牛顿发明引力，人人都说是科学上的大成功，但自爱因斯坦之相对论出，而牛顿转为失败。其实牛顿本没成功，不过我们没有见到就是了。近两年来欧美学界颂扬爱因斯坦成功之快之大，无比矣！我们没学问，不配批评，只配跟着讴歌，跟着崇拜！但照牛顿的例看来，他也算是失败。所以无论就学问上讲就事实上讲，总一句话说：只有失败的没有成功的。

人在无边的"宇"（空间）中，只是微尘，不断的"宙"（时间）中，只是段片。一个人无论能力多大，总有做不完的事，做不完的便留交后人，这好像一人忙极了，有许多事做不完，只好说："托别人做吧！"一人想包做一切事，是不可能的，不过从全体中抽出几万万分之一点做做而已。但这如何能算是成功？若就时间论，一人所做的一段片，正如"抽刀断水水更流"，也不得叫做成功。

孔子说"死而后已"，这个人死了那个人来继续。所以说继继绳绳，始能成大的路程。天下事无不可，天下事无成功。

然而人生这件事却奇怪得很：在无量数年中，无量数人，所做的无量数事，个个都是不可，个个都是失败，照数学上零加零仍等于零的规律讲，合起来应该是个大失败，但许多的"不可"加起来却是一个"可"，许多的"失败"加起来却是一个"大成功"。这样看来，也可说是上帝生人就是教人做失败事，你想不失败吗？那除非不做事。但我们的生活便是事，起居饮食也是事，言谈思虑也是事，我们能到不做事的地步吗？要想不做事，除非不做人。佛劝人不做事，便是劝人不做人。如果不能不做人，非做事不可。这样看来，普天下事都是"不可而为"的事，普天下人都是"不可而为"的人。不过孔子是"知不可而为"，一般人是"不知不可而为"罢了。

"不知不可而为"的人，遇事总要计算计算，某事可成功，某事必失败。可成功的便去做，必失败的便躲避。自以为算盘打对了，其实全是自己骗自己，计算的总结与事实绝对不能相应。成败必至事后始能下判断的。若事前横计算竖计算，反减少人做事的勇气。在他挑选趋避的时候，十件事至少有八件事因为怕失败，不去做了。

算盘打得精密的人，看着要失败的事都不敢做，而为势所迫，又不能不勉强去做，故常说："要失败啦！我本来不愿意做，不得已啦！"他有无限的忧疑，无限的惊恐，终日生活在摇荡苦恼里。

算盘打得不精密的人，认为某件事要成功，所以在短时间内欢喜鼓舞的做去，到了半路上忽然发现他的成功希望是空的，或者做到结尾，不能成功的真相已经完全暴露，于是千万种烦恼悲哀都凑上来了。精密的人不敢做，不想做，而又不能不做，结果固然不好。但不精密的人，起初喜欢去做，继后失败了，灰心丧气的不做，比前一类人更糟些。

人生在世界是混混沌沌的，从这种境界里过数十年，那末，生活便只有可悲更无可乐。我们对于"人生"真可以诅咒。为什么人来世上作消耗面包的机器呢？若是怕没人吃面包，何不留以待虫类呢？这样的人生可真没一点价值了。

"知不可而为"的人怎样呢？头一层：他预料的便是失败，他的预算册子上件件都先把"失败"两个字摆在当头，用不着什么计算不计算，拣择不拣择。所以孔子一生一世只是"毋意！毋必！毋固！毋我！"。"意"是事前猜度，"必"是先定其成败，"固"是先有成见，"我"是为我。孔子的意思就是说人不该猜度，不该先定事之成败，不该先有成见，不该为着自己。

第二层，我们既做了人，做了人既然不能不生活，所以不管生活是段片也罢，是微尘也罢，只要在这微尘生活段片生活里，认为应该做的，便大踏步地去做，不必打算，不必犹豫。

孔子说："无适也，无莫也，义之与比。"又说："鸟兽不可与同群，吾非斯人之徒欤而谁欤？天下有道，丘不与易也。"这是绝对自由的生活。假设一个人常常打算何事应做，何事不应做，他本来想到街上散步，但一念及汽车撞死人，便不敢散步，他看见飞机很好，也想坐一坐，但一念及飞机摔死人，便不敢坐，这类人是自己禁住自己的自由了。要是外人剥夺自己的自由，自己还可以恢复，要是自己禁住自己的自由，可就不容易恢复了。"知不可而为"主义是使人将做事的自由大大的解放，不要做无为之打算，自己捆绑自己。

孔子说："智者不惑，仁者不忧，勇者不惧。"不惑就是明白，不忧就是快活，不惧就是壮健。反过来说，惑也，忧也，惧也，都是很苦的。人若生活于此中，简直是过监狱的生活。

遇事先计画成功与失败，岂不是一世在疑惑之中？遇事先怕失败，一面做，一面愁，岂不是一世在忧愁之中？遇事先问失败了怎么样，岂不是一世在恐惧之中？

"知不可而为"的人，只知有失败，或者可以说他们用的字典里，从没有"成功"二字。那末，还有什么可惑可忧可惧呢？所以他们常把精神放在安乐的地方。所以一部《论语》，开宗明义便说："不亦乐乎！""不亦说乎！"用白话讲，便是："好呀！""好呀！"

孔子说："发愤忘食，乐以忘忧，不知老之将至。"可见他做事是自己喜欢的，并非有何种东西鞭策才做的，所以他不觉胡子已白了，还只管在那里做。他将人生观立在"知不可而为"上，所以事事都变成不亦乐乎，不亦说乎。这种最高尚最圆满的人生，可以说是从"知不可而为"主义发生出来。我们如果能领会这种见解，即令不可至于乐乎悦乎的境地，至少也可以减去许多"惑""忧""惧"，将我们的精神放在安安稳稳的地位上。这样才算有味的生活，这样才值得生活。

第一股做完了，现在做第二股，仍照八股的做法，说几句过渡的话。"为而不有"主义与"知不可而为"主义，可以说是一个主义的两面。"知不可而为"主义可以说是"破妄返真"，"为而不有"主义可以说是"认真去妄"。"知不可而为"主义可使世界从烦闷至清凉，"为而不有"主义可使世界从极平淡上显出灿烂。

"为而不有"这句话，罗素解释得很好。他说，人有两种冲动，（一）占有冲动，（二）创造冲动。这句话便是提倡人类的创造冲动的。他这些学说，诸君谅已熟闻，不必我多讲了。

"为而不有"的意思是不以所有观念作标准，不因为所有观念始劳动。简单一句话，便是为劳动而劳动。这话与佛教说的"无我我所"相通。

常人每做一事，必要报酬，常把劳动当作利益的交换品，这种交换品只准自己独有，不许他人同有，这就叫做"为而有"。如求得金钱、名誉，因为"有"，才去为。有为一身有者，有为一家有者，有为一国有者。在老子眼中看来，无论为一身有，为一家有，为一国有，都算是为而有，都不是劳动的真目的。人生劳动应该不求报酬，你如果问他："为什么而劳动？"他便答道："不为什么。"再问："不为什么为什么劳动？"他便老老实实说："为劳动而劳动，为生活而生活。"

老子说："上人为之而无以为。"韩非子给他解释得很好："生于其心之所不能已，非求其为报也。"简单说来，便是无所为而为。既无所为，所以只好说为劳动而劳动，为生活而生活，也可说是劳动的艺术化、生活的艺术化。

老子还说："既以为人己愈有，既以与人己愈多。"这是说我要帮助人，自己却更有，不致损减；我要给人，自己却更多，不致损减。这话也可作"为而不有"的解释。按实说，老子本来没存"有""无""多""少"的观念，不过假定差别相以示常人罢了。

在人类生活中最有势的便是占有性。据一般人的眼光看来，凡是为人的好像己便无。例如楚汉争天下，楚若为汉，楚便无，汉若为楚，汉便无。韩信、张良帮汉高的忙谋皇帝，他们便无。凡是与人的好像己便少。例如我们到瓷器铺子里买瓶子，一个瓶子，他要四元钱，我们只给他三元半，他如果卖了，岂不是少得五角？岂不是既以与人己便少吗？这似乎是和己愈有己愈多的话相反。然自他一方面看来，譬如我今天讲给诸君听，总算与大家了，但我仍旧是有，并没减少。再如教员天天在堂上给大家讲，不特不能减其所有，反可得教学相长的益处。至若弹琴唱歌给人听，也并没损失，且可使弹的唱的更加熟练。文学家，诗人，画家，雕刻家，慈善家，莫不如此。即就打算盘论，帮助人的虽无实利，也可得精神上的愉快。

老子又说："含德之厚，比于赤子，赤子终日号而不嗄，和之至也。"他的意思就是说成人应该和小孩子一样，小孩子天天在那里哭，小孩子并不知为什么而哭，无端的大哭一场，好像有许多痛心的事，其实并不为什么。成人亦然。问他为什么吃？答为饿。问他为什么饿？答为生理上必然的需要。再问他为什么生理上需要？他便答不出了。所以"为什么"是不能问的，如果事事问为什么，什么事都不能做了。

老子说"无为而无不为"，我们却只记得他的上半截的"无为"，把下半截的"无不为"忘掉了。这的确是大错。他的主义是不为什么,而什么都做了,并不是说什么都不做。要是说什么都不做,那他又何必讲五千言的《道德经》呢?

"知不可而为"主义与"为而不有"主义都是要把人类无聊的计较一扫而空,喜欢做便做,不必瞻前顾后。所以归并起来,可以说这两种主义就是"无所为而为"主义,也可以说是生活的艺术化,把人类计较利害的观念,变为艺术的、情感的。

这两种主义的概念,演讲完了。我很希望他发扬光大,推之于全世界。但要实行这种主义须在社会组织改革以后。试看在俄国劳农政府之下,"知不可而为"和"为而不有"的人比从前多得多了。

社会之组织未变,社会是所有的社会,要想打破所有的观念,大非易事。因为人生在所有的社会上,受种种的牵掣,倘有人打破所有的观念,他立刻便缺乏生活的供给。比方做教员的,如果不要报酬,便立刻没有买书的费用。然假使有公共图书馆,教员又何必自己买书呢?中国人常喜欢自己建造花园,然而又没有钱,其势不得不用种种不正当的方法去找钱,这还不是由于中国缺少公共花园的缘故吗?假使中国仿照欧美建设许多极好看极精致的公共花园,他们自然不去另造了。所以必须到社会组织改革之后,对于公众有种种供给时,才能实行这种主义。

虽是这样说法,我们一方面希望求得适宜于这种主义的社会,一方面在所处的混浊的社会中,还得把这种主义拿来寄托我们的精神生活，使他站在安慰清凉的地方。我看这种主义恰似青年修养的一服清凉散。我不是拿空话来安慰诸君，也不是勉强去左右诸君，他的作用着实是如此的。

最后我还要对青年进几句忠告。老子说："宠辱不惊。"这句话最关重要。现在的一般青年或为宠而惊，或为辱而惊。然为辱而惊的大家容易知道，为宠而惊的大家却不易知道。或者为宠而惊的比较为辱而惊的人的人格更为低下也说不定。五四以来，社会上对于青年可算是宠极了，然根底浅薄的人，其所受宠的害，恐怕比受辱的害更大吧。有些青年自觉会作几篇文章，便以为满足，其实与欧美比一比，那算得什么学问，徒增了许多虚荣心罢了。他们在报上出风头，不过是为眼前利害所鼓动，为虚荣心所鼓动，别人说成功，他们便自以为成功，岂知天下没成功的事？这些都是被成败利钝的观念所误了。

古人的这两句话，我希望现在的青年在脑子里多转几转，把他当作失败中的鼓舞，烦闷中的清凉，困倦中的兴奋。

（1921年12月21日北京哲学社讲演稿。

原载《哲学》1922年4月第5期。）

三十自述

"风云入世多，日月掷人急。如何一少年，忽忽已三十。"此余今年正月二十六日在日本东海道汽车中所作《三十初度·口占十首》之一也。人海奔走，年光蹉跎，所志所事，百未一就。揽镜据鞍，能无悲惭？擎一既结集其文，复欲为作小传。余谢之曰："若某之行谊经历，曾何足有记载之一值。若必不获已者，则人知我，何如我之自知？吾死友谭浏阳曾作《三十自述》，吾毋宁效颦焉。"作《三十自述》。

余乡人也，于赤县神州，有当秦、汉之交，屹然独立群雄之表数十年，用其地，与其人，称蛮夷大长，留英雄之名誉于历史上之一省。于其省也，有当宋、元之交，我黄帝子孙与北狄异种血战不胜，君臣殉国，自沉崖山，留悲愤之记念于历史上之一县，是即余之故乡也。乡名熊子，距崖山七里强，当西江入南海交汇之冲。其江口列岛七，而熊子宅其中央，余实中国极南之一岛民也。先世自宋末由福州徙南雄，明末由南雄徙新会，定居焉，数百年栖于山谷。族之伯叔兄弟，且耕且读，不问世事，如桃源中人。顾闻父老口碑所述，吾大王父最富于阴德，力耕所获，一粟一帛，辄以分惠诸族党之无告者。王父讳维清，字镜泉，为郡生员，例选广文，不就。王母氏黎。父名宝瑛，字莲涧，夙教授于乡里。母氏赵。

余生同治癸酉正月二十六日，实太平国亡于金陵后十年，清大学士曾国藩卒后一年，普法战争后三年，而意大利建国罗马之岁也。生一月而王母黎卒。逮事王父者十九年。王父及见之孙八人，而爱余尤甚。三岁仲弟启勋生，四五岁就王父及母膝下授"四子书"、《诗经》，夜则就睡王父榻。日与言古豪杰哲人嘉言懿行，而尤喜举亡宋、亡明国难之事，津津道之。六岁后，就父读，受中国略史，五经卒业。八岁学为文。九岁能缀千言。十二岁应试学院，补博士弟子员，日治帖括，虽心不慊之，然不知天地间于帖括外，更有所谓学也，辄埋头钻研，顾颇喜词章。王父、父、母时授以唐人诗，嗜之过于八股。家贫无书可读，惟有《史记》一、《纲鉴易知录》一，王父、父日以课之，故至今《史记》之文，能成诵八九。父执有爱其慧者，赠以《汉书》一、姚氏《古文辞类纂》一，则大喜，读之卒业焉。父慈而严，督课之外，使之劳作，言语举动稍不谨，辄呵斥不少假借，常训之曰："汝自视乃如常儿乎？"至今诵此语不敢忘。十三岁始知有段、王训诂之学，大好之，渐有弃帖括之志。十五岁，母赵恭人见背，以四弟之产难也。余方游学省会，而时无轮舶，奔丧归乡，已不获亲含殓，终天之恨，莫此为甚。时肄业于省会之学海堂，堂为嘉庆间前总督阮元所立，以训诂词章课粤人者也。至是乃决舍帖括以从事于此，不知天地间于训诂、词章之外，更有所谓学也。己丑年十七，举于乡，主考为李尚书端棻，王镇江仁堪。年十八计偕入京师，父以其稚也，挈与偕行。李公以其妹许字焉。下第归，道上海，从坊间购得《瀛环志略》读之，始知有五大洲各国，且见上海制造局译出西书若干种，心好之，以无力不能购也。

其年秋，始交陈通甫。通甫时亦肄业学海堂，以高才生闻。既而通甫相语曰："吾闻南海康先生上书请变法，不达，新从京师归，吾往谒焉，其学乃为吾与子所未梦及，吾与子今得师矣！"于是乃因通甫修弟子礼事南海先生。时余以少年科第，且于时流所推重之训诂、词章学，颇有所知，辄沾沾自喜。先生乃以大海潮音，作师子吼，取其所挟持之数百年无用旧学更端驳诘，悉举而摧陷廓清之。自辰入见，及戌始退，冷水浇背，当头一棒。一旦尽失其故垒，惘惘然不知所从事。且惊且喜，且怨且艾，且疑且惧，与通甫联床竟夕不能寐。明日再谒，请为学方针，先生乃教以陆、王心学，而并及史学、西学之梗概。自是决然舍去旧学，自退出学海堂，而间日请业南海之门。生平知有学自兹始。

辛卯余年十九，南海先生始讲学于广东省城长兴里之万木草堂，徇通甫与余之请也。先生为讲中国数千年来学术源流，历史政治，沿革得失，取万国以比例推断之。余与诸同学日札记其讲义，一生学问之得力，皆在此年。先生又常为语佛学之精奥博大，余夙根浅薄，不能多所受。先生时方著《公理通》《大同学》等书，每与通甫商榷，辨析入微。余辄侍末席，有听受，无问难，盖知其美而不能通其故也。先生著《新学伪经考》，从事校勘；著《孔子改制考》，从事分纂。日课则《宋元明儒学案》、二十四史、《文献通考》等，而草堂颇有藏书，得恣涉猎，学稍进矣。其年始交康幼博。十月，入京师，结婚李氏。明年壬辰，年二十，王父弃养。自是学于草堂者凡三年。

甲午年二十二，客京师，于京国所谓名士者多所往还。六月，日本战事起，悒愤时局，时有所吐露，人微言轻，莫之闻也。顾益读译书，治算学、地理、历史等。明年乙未，和议成，代表广东公车百九十人，上书陈时局。既而南海先生联公车三千人，上书请变法，余亦从其后奔走焉。其年七月，京师强学会开，发起之者，为南海先生，赞之者为郎中陈炽，郎中沈曾植，编修张孝谦，浙江温处道袁世凯等。余被委为会中书记员。不三月，为言官所劾，会封禁。而余居会所数月，会中于译出西书购置颇备，得以余日尽浏览之，而后益斐然有述作之志。其年始交谭复生，杨叔峤、吴季清、铁樵、子发父子。

京师之开强学会也，上海亦踵起。京师会禁，上海会亦废。而黄公度倡议续其余绪，开一报馆，以书见招。三月去京师，至上海，始交公度。七月《时务报》开，余专任撰述之役，报馆生涯自兹始，著《变法通议》《西学书目表》等书。

其冬，公度简出使德国大臣，奏请偕行，会公度使事辍，不果。出使美、日、秘大臣伍廷芳，复奏派为参赞，力辞之。伍固请，许以来年往，既而终辞，专任报事。丁酉四月，直隶总督王文韶，湖广总督张之洞，大理寺卿盛宣怀，连衔奏保，有旨交铁路大臣差遣，余不之知也。既而以札来，粘奏招上谕焉，以不愿被人差遣辞之。张之洞屡招邀，欲致之幕府，固辞。时谭复生宦隐金陵，间月至上海，相过从，连舆接席。复生著《仁学》，每成一篇，辄相商榷，相与治佛学，复生所以砥砺之者良厚。十月，湖南陈中丞宝箴，江督学标，聘主湖南时务学堂讲席，就之。时公度官湖南按察使，复生亦归湘助乡治，湘中同志称极盛。未几，德国割据胶州湾事起，瓜分之忧，震动全国。而湖南始创南学会，将以为地方自治之基础，余颇有所赞画。而时务学堂于精神教育，亦三致意焉。其年始交刘裴邨、林暾谷、唐绂丞，及时务学堂诸生李虎村、林述唐、田均一、蔡树珊等。

明年戊戌，年二十六。春，大病几死，出就医上海，既痊，乃入京师。南海先生方开保国会，余多所赞画奔走。四月，以徐侍郎致靖之荐，总理衙门再荐，被召见，命办大学堂译书局事务。时朝廷锐意变法，百度更新。南海先生深受主知，言听谏行。复生、暾谷、叔峤、裴邨，以京卿参预新政，余亦从诸君子之后，黾勉尽瘁。八月政变，六君子为国流血。南海以英人仗义出险。余遂乘日本大岛兵舰而东。去国以来，忽忽四年矣。

戊戌九月至日本。十月与横滨商界诸同志，谋设《清议报》。自此居日本东京者一年，稍能读东文，思想为之一变。己亥七月，复与滨人共设高等大同学校于东京，以为内地留学生预备科之用，即今之清华学校是也。其年美洲商界同志，始有中国维新会之设，由南海先生所鼓舞也。冬间美洲人招往游，应之。以十一月首途，道出夏威夷岛，其地华商二万余人相絷留，因暂住焉，创夏威夷维新会。适以治疫故，航路不通，遂居夏威夷半年。至庚子六月，方欲入美，而义和团变已大起。内地消息，风声鹤唳，一日百变。已而屡得内地函电，促归国，遂回马首而西，比及日本，已闻北京失守之报。七月急归沪，方思有所效，抵沪之翌日，而汉口难作，唐、林、李、蔡、黎、傅诸烈，先后就义，公私皆不获有所救。留沪十日，遂去，适香港，既而渡南洋，谒南海，遂道印度，游澳洲，应彼中维新会之招也。居澳半年，由西而东，环洲历一周而还。辛丑四月，复至日本。

尔来蛰居东国，忽又岁余矣！所志所事，百不一就，惟日日为文字之奴隶，空言喋喋，无补时艰。平旦自思，只有惭悚。顾自审我之才力，及我今日之地位，舍此更无术可以尽国民责任于万一。兹事虽小，亦安得已。一年以来，颇竭棉薄，欲草一中国通史以助爱国思想之发达，然荏苒日月，至今犹未能成十之二。惟于今春为《新民丛报》，冬间复创刊《新小说》，述其所学所怀抱者，以质于当世达人志士，冀以为中国国民遒铎之一助。呜呼！国家多难，岁月如流，眇眇之身，力小任重。吾友韩孔广诗云："舌下无英雄，笔底无奇士。"呜呼！笔舌生涯，已催我中年矣！此后所以报国民之恩者，未知何如？每一念及，未尝不惊心动魄，抑塞而谁语也？

　　孔子纪元二千四百五十三年壬寅十一月，任公自述。

（1902年作。

原载《饮冰室合集》第二册第十一，中华书局1989年版。）

后　记

"生活中并不缺少美,而是缺少发现美的眼睛。"什么样的生活才是美的?"美的生活"一定是有趣的。生活的意义在于趣味,没有趣味的人如行尸走肉。趣味是生活的原动力,没有趣味的生活是"石缝的生活",挤得紧紧的,戴着枷锁前行,没有自由;是"沙漠的生活",干巴巴的,没有一点血色,死板枯燥的,没有丝毫变化。

梁启超的趣味美,既是对待现实生活的态度,亦是其生命价值的体现,还是他人生美学思想的核心。为了让大家更真实地了解梁启超所处的社会环境,以及梁启超的性情和语言风格,本书所选文章尽量保留了当初作品发表时的原貌(包括当时一些字词的用法)。

有趣味的生活让人轻松快乐,有趣味的日子让人身心愉悦。希望本书可以让你拒绝平淡无奇,将兴趣融入生活,发现令自己心仪的美,让自己的生活因为趣味而花草烂漫,因为趣味而星光璀璨。